EL PEQUEÑO LIBRO

DE LA

MEDITACIÓN

EL PEQUEÑO LIBRO
DE LA
MEDITACIÓN

UNA INTRODUCCIÓN
AL *MINDFULNESS*

AMY LEIGH
MERCREE

edaf

MADRID - MÉXICO - BUENOS AIRES - SANTIAGO
2025

Título original: *A Little Bit of Meditation. An Introduction to Mindfulness*, por Amy Leigh Mercree
© 2017. Amy Leigh Mercree
© 2025. De la traducción, José Antonio Álvaro Garrido
© 2025. De esta edición, Editorial Edaf, S.L.U., Jorge Juan, 68 — 28009 Madrid, por acuerdo con Sterling Publishing Co., Inc., publicado por primera vez en 2017 por Sterling Ethos, una división de Sterling Publishing Co., Inc., 33 East 17th Street, New York, NY, USA, 10003, representados por UTE Körner Literary Agent, S.L.U., c/ Arago 224, pral 2.ª, 08011 Barcelona

Diseño de cubierta: © Sterling Publishing Co., Inc., adaptada por Diseño y Control Gráfico
Maquetación y diseño de interior: Adaptada del original por Diseño y Control Gráfico, S.L.

Editorial Edaf, S.L.U.
Jorge Juan, 68
28009 Madrid, España
Telf.: (34) 91 435 82 60
www.edaf.net
edaf@edaf.net

Ediciones Algaba, S.A. de C.V.
Calle 21, Poniente 3323 - Entre la 33 sur y la 35 sur
Colonia Belisario Domínguez
Puebla 72180, México
Telf.: 52 22 22 11 13 87
jaime.breton@edaf.com.mx

Ediciones y Distribuciones Edaf SRL
Calle Chile, 2222, PB
1227- Buenos Aires (Argentina)
Telf: +54 11 4308 52 22/+54 11 6784 95 16
fernando@edafarg.net

Edaf Chile, S.A.
Huérfanos 1178 - Oficina 501
Santiago - Chile
Telf: +56 9 4468 05 39/+56 9 4468 05 97
comercialedafchile@edafchile.cl

Junio de 2025

ISBN: 978-84-414-4439-3
Depósito legal: M-10023-2025

PRINTED IN SPAIN   IMPRESO EN ESPAÑA

COFÁS

Papel 100 % procedente de bosques gestionados de acuerdo con criterios de sostenibilidad.

CONTENIDO

INTRODUCCIÓN

Hoy en día, y en nuestra cultura, son muchos los caminos que conducen al arte y al cultivo del mindfulness. Cuando se busca tratamiento para la ansiedad, a menudo se recomienda la meditación. Cuando la gente busca aprender meditación, uno de sus resultados es la atención plena. No es una idea nueva el hecho de que, si somos conscientes y nos mantenemos presentes en el momento que vivimos, manteniéndonos ajenos a casi todo lo demás, seremos más felices y gozaremos de mejor salud. La meditación se ha utilizado en las religiones orientales desde la Antigüedad.

La idea de la toma de conciencia ha ido ganando popularidad desde la década de 1960 en el mundo occidental. La conciencia es el conocimiento infinito del ser que todos llevamos dentro. Es la parte que da fe de lo que somos y que está siempre en segundo plano, observando la vida a nuestro alrededor. La meditación, en sus múltiples formas, cultiva la conciencia.

En *El pequeño libro de la meditación* exploraremos la historia del ejercicio de la meditación y sus orígenes, además de aprender aplicaciones prácticas sobre cómo llevar la conciencia consciente a la vida diaria para mejorar la calidad de nuestra experiencia en la Tierra. Discutiremos las ramificaciones físicas, emocionales, mentales y espirituales de meditar en la vida diaria. En este volumen se incluye una amplia variedad de actividades prácticas y meditaciones. Así que sumérgete en ello y encuentra tu centro.

1

HISTORIA DE LA MEDITACIÓN

EN LA ÚLTIMA DÉCADA LA MEDITACIÓN Y EL *Mindfulness* se han convertido en palabras de moda en la cultura popular. Las prácticas de meditación ya no están limitadas a practicantes entrenados que viven en monasterios o ashrams, o a adeptos de religiones exóticas y grupos místicos. Hoy en día la meditación se ha convertido en una práctica accesible a casi todo el mundo. Ya no es solo una herramienta espiritual, sino que ha ido ganando rápidamente el respaldo de la neurociencia y otras especialidades médicas, gracias a los beneficios que aporta para la salud.

¿Qué ha provocado el auge del interés por la meditación? Se cree que existe desde hace miles de años, así que, ¿a qué se debe esta repentina popularidad entre diversos colectivos? Una respuesta está en el sencillo hecho de que la comunidad científica la considera un método fiable para aliviar el estrés y una herramienta para tratar problemas como los traumas. Algunas personas creen que el rápido crecimiento de su popularidad también se debe a la evolución de la conciencia entre la humanidad. Por último, hay que señalar que, en un mundo cada vez más caótico y que avanza a un ritmo frenético, la gente busca formas de implantar la calma y el equilibrio en sus vidas.

LA MEDITACIÓN EN LA ANTIGÜEDAD

Las primeras enseñanzas conocidas sobre la meditación proceden de las antiguas formas religiosas hindúes, hacia 1500 a. C., de los textos védicos. Esta práctica de *dhyana* se traduce del sánscrito, aproximadamente, como contemplación o reflexión, y se refiere a la conciencia sin prejuicios y a la atención mantenida. Este concepto se desarrolló siglos más tarde en el budismo, el jainismo y el hinduismo formal, aunque con interpretaciones ligeramente distintas en relación con su significado.

El impulso interno de vivir una vida consciente no es nuevo. De hecho, la idea de estar presente el 100% del tiempo ha sido algo que han buscado algunas personas durante miles de años. Los pueblos antiguos reconocían que centrarse en una cosa cada vez podía aumentar la productividad y también dar lugar a una vida más placentera.

Trabajaron para desarrollar sistemas y protocolos que aumentaran la capacidad de concentración de la mente. Algunos aspectos de la meditación se orientaban en esta dirección. En la antigüedad este trabajo se combinaba con la devoción religiosa para producir calma, concentración y conexión con algo más grande que uno mismo.

La meditación puede ser una puerta a la atención plena. Es interesante ver cómo las distintas religiones y culturas del mundo buscan procesos para aquietar y calmar la mente y, de esta forma, hacen de todo, desde fomentar una conexión religiosa hasta encontrar la paz en medio del estrés. Estos esfuerzos significan evolución, humanidad y una revolución en la comprensión de la conciencia.

La primitiva meditación en las principales tradiciones religiosas

En casi todas las tradiciones religiosas importantes existe alguna forma de meditación. Estas surgieron, en gran medida, de la difusión de ideas a lo largo de la Antigüedad y aumentaron con la ampliación de los viajes y el comercio durante la Edad Media. A medida que los grupos de personas comenzaron a expandirse fuera de sus centros culturales, llevaron consigo sus prácticas espirituales. Muchos estudiosos creen que las prácticas de meditación aparecieron por primera vez en las primigenias enseñanzas védicas y que luego se desarrollaron en otras tradiciones asiáticas, tales como el confucianismo, el taoísmo y el budismo.

Las formas de meditación no solo estaban presentes en las principales religiones del mundo. Los nativos americanos y otros grupos indígenas tenían numerosas prácticas contemplativas, meditativas y devocionales.

Hinduismo

La meditación en el hinduismo se desarrolló a partir de los primeros textos védicos y, más tarde, de los *Upanishads*. Las primeras formas de meditación se centraban en intentar comprender la realidad última. ¿Es el universo una proyección de la humanidad o es la humanidad una proyección del universo? ¿Es el universo una ilusión o es nuestra existencia individual una ilusión?

Los estudiosos del hinduismo primitivo conocen cuatro tipos de meditación, basados en los textos antiguos. Los *rishis* eran antiguos videntes o sabios que tomaban lo que aprendían de la meditación y componían himnos sobre sus conclusiones. Escribieron sobre la meditación con mantras, la meditación visual, la meditación sobre las percepciones aprendidas en el corazón y la mente y, por último, sobre un estado extático que se produce al fundirse con la realidad universal de Brahman (divinidad). El hinduismo primitivo también tenía adeptos ascetas que incorporaban otras prácticas diversas, como el control de la respiración y la capacidad de levitar. En escritos modernos como *Autobiografía de un yogui*, de Paramahansa Yogananda, se incluyen descripciones similares de chamanes ascetas.

La meditación hindú se desarrolló a lo largo de los siglos como un enfoque polifacético de la autorrealización denominado Yoga Vedanta. El camino yóguico incluye componentes como el servicio, el conocimiento y la devoción, y varía según las necesidades de cada individuo. Dado que el hinduismo se remonta a miles de años atrás, de él han surgido muchas escuelas de pensamiento con diferencias matizadas en cuanto a creencias y prácticas.

Budismo

El budismo se desarrolló en la India a partir del hinduismo primitivo. A diferencia del camino yóguico de las ocho vías -ocho pautas para vivir una vida con sentido y propósito, tal como las esbozó el sabio Patanjali-, el budismo hace hincapié en tres «entrenamientos». Muchos estadounidenses están más familiarizados con el entrenamiento de la meditación. Sin embargo, se considera que los otros dos entrenamientos, el de la sabiduría y el de la ética, están interconectados con la práctica de la meditación. Tras la muerte de Buda surgieron varios cánones doctrinales con sus supuestas enseñanzas. Sigue siendo objeto de debate académico la autenticidad de diversas partes de estos cánones, que contribuyeron a dar origen a las distintas escuelas de budismo.

Con la Ruta de la Seda -una antigua red de rutas que conectaba regiones distantes del continente asiático-, que abrió el comercio durante la Edad Media, las enseñanzas de la meditación budista se transmitieron desde la India a toda Asia oriental. Alrededor del siglo VIII se extendieron a Japón en la forma del Zen. Las principales escuelas budistas que se consolidaron con el tiempo son Mahayana, Theravada, Tierra Pura, Zen y Vajrayana. Cada escuela desarrolló sus propias prácticas de meditación.

Judaísmo

Una corriente de prácticas de meditación ha recorrido el judaísmo durante siglos. Como dijo un escritor, la meditación está tan envuelta en los rituales diarios de la vida judía que no se separaron en forma de prácticas individuales. Sin embargo, los rituales ofrecían muchos momentos para la «conciencia meditativa», aunque no se llamaran específicamente meditación.

Muchos de los tipos más técnicos de meditación judía se registraron como tradiciones orales, especialmente en la literatura mística de la Cábala, por lo que es posible que no hayan calado en la población judía mayoritaria. Sin embargo, había muchas palabras hebreas que habrían resultado familiares a los practicantes legos y que describían implícitamente diversas formas de prácticas de meditación, tales como la reclusión, la concentración focalizada y la visualización.

Cristianismo

El cristianismo primitivo es conocido por sus Padres y Madres del Desierto, ascetas y monjes que se retiraban al desierto para recluirse y estar en comunión con Dios. Los primeros escritos de la Edad Cristiana de algunos de estos ascetas señalan la práctica de la meditación acompañada de mantras, llamándola «oración pura».

En la Edad Media, tras el cisma entre Oriente y Occidente en el cristianismo, se desarrollaron y arraigaron las prácticas de la Lectio Divina (una lectura meditativa de las Escrituras) y el hesicasmo (una meditación basada en la repetición de la Oración de Jesús).

A lo largo de los siglos las prácticas meditativas se mantuvieron en diversas ramas contemplativas del cristianismo, especialmente en las comunidades monásticas. Sin embargo, están experimentando un resurgimiento de popularidad entre la población cristiana común.

Islam

El grueso de las prácticas de meditación en el Islam primitivo procedía de la rama mística del sufismo.

Dos de las primeras formas, practicadas ya en el siglo IV d. C., eran el *dhikr* silencioso (repetición rítmica de los nombres y atributos de Dios) y la meditación del corazón. La motivación de ambas prácticas es la intensa energía del amor, tanto hacia los demás como hacia Dios. Al centrarse en el amor, los pensamientos y las emociones se desvanecen.

Los sufíes son más conocidos por la práctica meditativa de los giróvagos Las órdenes sufíes se establecieron por primera vez en el siglo XII, y muchos participaron en esta actividad. Es una meditación física que ayuda a conectar con Dios a través de la música, el movimiento y la renuncia al ego y los deseos individuales. Aunque los giróvagos se identifican sobre todo con el sufismo, existen otras órdenes y prácticas de meditación. Una de ellas, iniciada en el siglo XIV, es la de los sufíes silenciosos. Creen que solo se puede llegar a Dios a través del silencio.

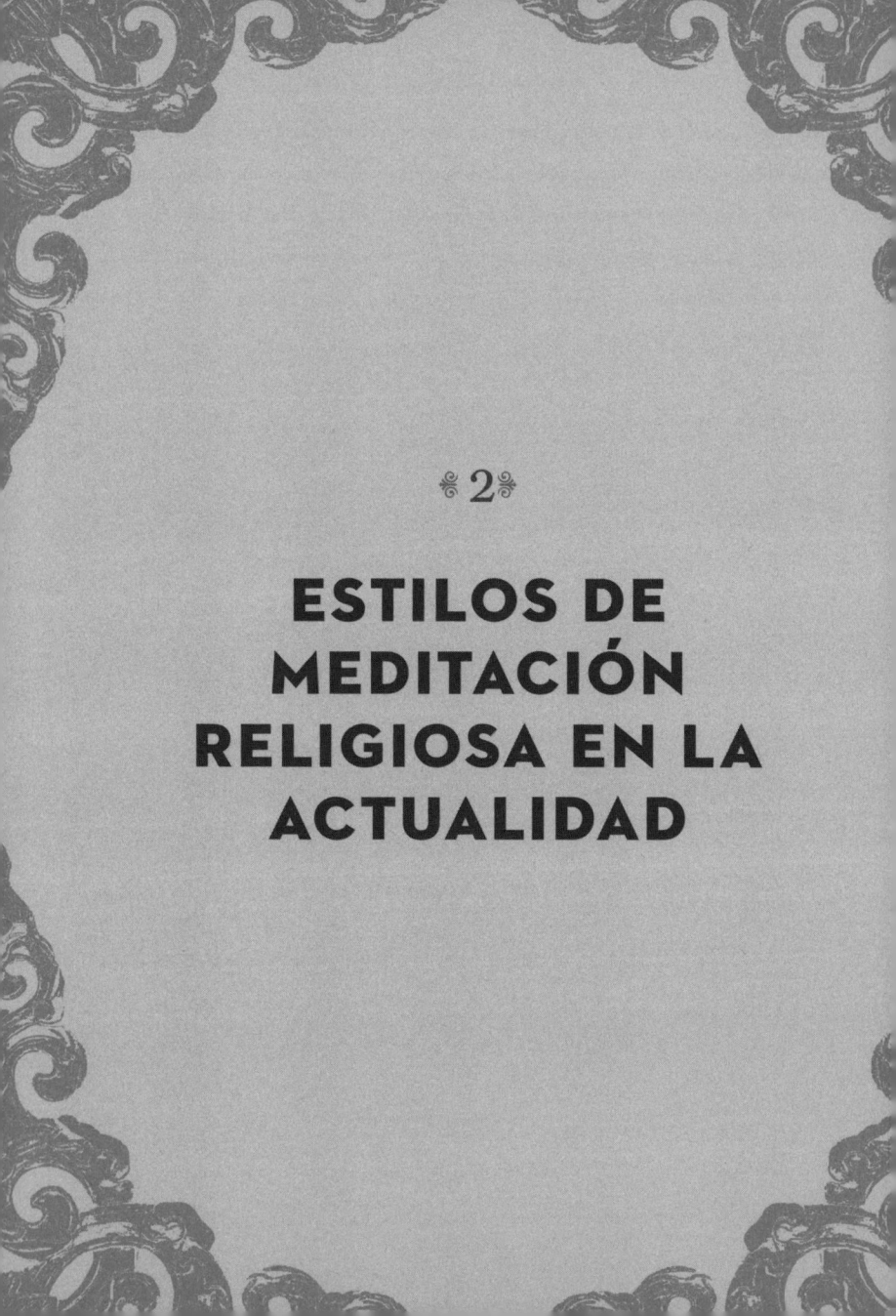

2

ESTILOS DE MEDITACIÓN RELIGIOSA EN LA ACTUALIDAD

A L IGUAL QUE EXISTEN INNUMERABLES FORMAS DE pensamiento y práctica espiritual en nuestra era actual, también existen numerosos tipos y matices en el tema de la meditación. Algunos de esos tipos son una exploración de la verdadera naturaleza de la conciencia. Otras clases de meditación pretenden mejorar la salud y la forma física. Hay versiones de la meditación que se utilizan para mejorar la función cognitiva, ayudarnos a pensar mejor y a ser más productivos. Algunas personas utilizan estilos de meditación específicos para alcanzar un nivel de rendimiento máximo en su profesión. Hay personas que ven la meditación como una devoción espiritual. Otras practican la meditación en grupo para experimentar una sensación de pertenencia. Sin duda, todas estas diversas formas se han influido mutuamente y han dado lugar a la creación de aún más métodos. Algunos tipos están envueltos en creencias religiosas, mientras que otros son tan solo técnicas que no están necesariamente inmersas en ningún sistema de creencias, credos o dogmas.

Existen tres categorías básicas de meditación: atención focalizada o concentración, atención plena y trascendencia sin esfuerzo. Pero, dentro de estas categorías, existe una amplia variedad de prácticas, algunas de las cuales son silenciosas y quietas, y otras se hacen con vocalización o implican movimiento.

La atención focalizada consiste en centrar la mente. Suele emplear algún tipo de punto focal, que puede ser cualquier cosa, desde un mantra a un mudra, pasando por un pensamiento o una idea. A veces, a la gente le gusta emplear un pensamiento que les centre antes de meditar, lo que ayuda a mejorar la concentración. Cuando controlamos aquello a lo que prestamos atención, podemos concentrarnos en las tareas que queremos realizar, así como en estados trascendentales del ser. Las meditaciones que implican atención enfocada y concentración son más activas y centradas en un resultado.

Las meditaciones de *mindfulness* consisten en permanecer exclusivamente en el momento presente. Cuando te encuentras instalado al cien por cien en el momento presente, puedes experimentar mayores niveles de atención y concentración. La diferencia: Se trata de estar simplemente presente en lugar de esforzarse en hacer algo.

Las meditaciones que implican una trascendencia sin esfuerzo consisten más bien en situarse en el lugar adecuado en el momento oportuno y, a continuación, emplear estrategias que son sobre todo no activas y que te abrirán a experiencias espontáneas de éxtasis espiritual y profunda entrega interior. Estas experiencias trascendentes pueden fomentarse, pero no pueden forzarse.

Piensa en *om* como en una llave para abrir una puerta a la conciencia universal. *Om* es la representación vibracional de la creación. Es como si alguien dijera las palabras «Yo soy». Estoy presente. Estoy vivo. Yo creo. Yo soy.

Un gran poder se encuentra en el hecho de conectar con la energía de la esencia pura, no religiosa, no basada en el género y sin prejuicios. Simboliza la vibración de toda la existencia (que entendemos). Es como si todo lo que existe naciera de un vientre receptivo y *om* fuera el resultado.

Puedes aprovechar esta esencia para magnificar la energía de las cosas que te gustaría crear en tu propia vida. Puedes utilizar el mantra *om* antes de una meditación diseñada para ayudarte a producir resultados en el mundo.

También puedes utilizar *om* antes de una meditación, para la curación o el crecimiento interno, porque los resultados potenciales existen en el mundo: tienen su origen en la energía que existe en todo ser vivo. Las oportunidades de curación existen en tu ser, tu mente y tu corazón, y se manifiestan durante la meditación enfocada. Así que el poder de la palabra *om* puede ayudarte a sacar partido a la energía original que lo creó todo.

Piensa en lo asombroso que es esto. Una palabra y su vibración pueden abrir una puerta al universo entero. Lo que realmente significa es que tú y tu conciencia tenéis el poder de acceder a cualquier cosa que así elijáis. Y puedes ser cualquier cosa que elijas simplemente aprovechando la energía universal. De hecho, posees un potencial y un poder ilimitados. Tú eres *om*.

La próxima vez que te dispongas a empezar tu mantra, gozarás un nuevo aprecio por la historia y la ciencia que conforman la belleza de la meditación con *om*. Está presente en muchas variaciones del lenguaje y aparece en la historia de formas diferentes. Hay algo cierto sobre la meditación con *om*: es un sonido universal que representa la unidad necesaria para empatizar con quienes nos rodean. Es un sonido y una palabra que abarca toda la vida de una forma mística y conectada.

ESTILOS DE MEDITACIÓN HINDÚES

La vía meditativa tradicional hindú se denomina raja yoga (yoga regio) y se basa en el *Yoga Sutra* compuestos por Patanjali, que vivió en algún momento del siglo I o II d. C. (hay opiniones divergentes sobre en qué época vivió Patanjali y cuándo se escribieron exactamente los Sutras). La escuela hinduista que se desarrolló a partir de estos textos es la que más influencia ha ejercido en Occidente. Sin embargo, muchos occidentales oyen la palabra *yoga* y asumen que solo significa hacer las posturas o asanas, lo que formalmente se denomina *hatha yoga*. Pero, de hecho, el sistema para alcanzar la iluminación en las tradiciones hindúes es un enfoque de ocho vías. Al igual que el hinduismo no establece tradicionalmente las posturas asana como una práctica independiente, tampoco dhyana (meditación) se practica con independencia de las otras siete vías.

En la tradición yóguica las posturas son un componente importante de la meditación, porque la forma de meditación que se practica requiere poder sentarse cómodamente en cierta postura, durante largos periodos de tiempo. Las posturas, que forman parte del hatha yoga, ayudan a mantener el equilibrio y la armonía dentro del cuerpo, para poder meditar durante muchas horas gracias a la fuerza y la buena salud.

Al igual que otras vías de meditación de influencia mutua, como el jainismo y el budismo, el hinduismo incluye el componente de la moderación. Esto tiene que ver con no llevar a cabo acciones que puedan causar daño a otros seres, tanto humanos como animales. Aquí es donde a menudo entra en juego la adopción del vegetarianismo. Un segundo componente, las observancias, se refiere a las prácticas religiosas, tales como la limpieza y la asistencia al estudio de las escrituras.

La meditación yoga de estilo hindú fue introducida en Occidente por Swami Vivekananda a finales del siglo XIX. A medida que se fue transmitiendo durante el siglo siguiente a través de diversos discípulos de dos destacadas escuelas de pensamiento, el yoga en Estados Unidos se convirtió predominantemente en un yoga basado en asanas (posturas). Como dice Louis Komjathy en su libro *Contemplate Literature*, el yoga en Occidente «tiene mucho más que ver con la gimnasia europea y el nacionalismo hindú de la India del siglo XX que con cualquier antiguo yoga védico imaginado».

Sin embargo, a pesar del predominio del asana yoga en Occidente, otros maestros han formado a seguidores que se apoyan en otros miembros del camino. El movimiento Hare Krishna se inició en la década de 1960 gracias a A. C. Bhaktivedanta Swami Prabhupada, que enseñaba que Krishna era el Dios supremo al que había que adorar. Los seguidores de este movimiento debían recitar mantras y cánticos, y asegurarse de que todas sus acciones complacieran a Krishna.

El kriya yoga también ha mantenido cierta popularidad en Estados Unidos. Llevado por primera vez a Estados Unidos por Yogananda, el camino del kriya yoga es un método que se centra en múltiples técnicas. El primer paso es una serie de ejercicios que preparan la mente para la meditación. El segundo es un trabajo de concentración que ayuda al practicante a alejarse del pensamiento y centrarse en su interior. A continuación se aprende a concentrarse en uno mismo y a reconocer los atributos del ser divino interior. Por último, la técnica más compleja es el control corporal, en el que el practicante hace más lenta su respiración, adentrándose en la quietud.

ESTILOS DE MEDITACIÓN BUDISTA

He aquí varios estilos de meditación que tienen su origen en la tradición budista:

Meditación Vipassana

La meditación vipassana, derivada de la escuela budista Theravada, se centra en la observación voluntaria de la mente. La intención es mantener la atención centrada en la mente y, cuando ésta se desvía, traerla de vuelta con suavidad. Este tipo de meditación también se denomina atención plena o *vipassana*. Maravillosamente no-religioso, es un método muy útil hoy en día.

La meditación vipassana se ha popularizado gracias a figuras tan conocidas como Thich Nhat Hanh. Jon Kabat-Zinn, profesor emérito de medicina en la Facultad de Medicina de la Universidad de Massachusetts, ayudó a introducir las prácticas de *mindfulness* en el mundo médico y de la medicina general en la década de 1980 y aún después a través de su clínica de Reducción del Estrés Basada en el Mindfulness (MBSR).

Meditación Zen

La meditación zen tiene sus raíces en la escuela budista Mahayana, que surgió principalmente en Japón y Corea. Este tipo de meditación se centra en tres subtipos de práctica:

1. Al igual que en la meditación vipassana, el practicante observa los pensamientos a medida que surgen y desaparecen.

2. El practicante intenta sentarse muy quieto, sin hacer nada, sin pensar en nada.

3. El practicante de meditación reflexiona sobre un *koan*, o sopa de letras, diseñado para elevar el pensamiento por encima del pensamiento dual (esto un estilo exclusivo del Zen).

Dos de los principales valedores del Zen en Occidente fueron Alan Watts y D. T. Suzuki. La América posterior a la Segunda Guerra Mundial demostró ser un terreno fértil para que el zen procedente de Japón echara raíces en Estados Unidos. La década de 1950 fue testigo del auge del movimiento Beat en Estados Unidos, en el que un grupo de pensadores y artistas rebeldes estaban desilusionados con su cultura y buscaron inspiración en la filosofía oriental. La rebelión Beat supuso una clara entrada de los valores zen en gran parte de la corriente dominante estadounidense. Durante este periodo, a principios de la década de 1950, D. T. Suzuki llegó a Estados Unidos para dar conferencias sobre el Zen. Su capacidad para traducir textos zen tradicionales para los estadounidenses y relacionar el zen con la física, la medicina y el cristianismo modernos tuvo su eco entre la población intelectual.

Meditación tibetana

La meditación tibetana cuenta con muchos rasgos culturales propios del Tíbet y se compone de tres elementos principales: El chamanismo tibetano, el budismo tradicional y las enseñanzas tántricas de la India. La meditación tibetana utiliza las deidades culturales y las prácticas tántricas de incorporar la propia energía para ayudar a lograr una conexión mente-cuerpo.

Hay centros budistas tibetanos por todo Estados Unidos. Quizá el contacto más conocido con este tipo de meditación para la mayoría de los estadounidenses sea a través del Dalai Lama. Los lamas tibetanos empezaron a recibir estudiantes en Estados Unidos a mediados de la década de 1950. Uno de los más famosos de estos lamas fue Chögyam Trungpa, que llegó a EE UU en 1970 y fundó una organización que más tarde se convertiría en Shambhala Internacional. Creó más de cien centros de meditación, así como la Universidad Naropa en Boulder (Colorado). Dos de sus alumnos más conocidos, que se convirtieron en maestros por derecho propio, son Pema Chodron y Ken Wilber.

Meditación Dzogchen

El dzogchen es un estilo de meditación que cada día más está ganando popularidad en Estados Unidos. También derivado del Tíbet, intenta descubrir la «mente pura», la naturaleza absoluta de la realidad. Se asemeja a muchas prácticas de meditación vipassana en el sentido de que trata de lograr una conciencia profunda del momento presente, pero se basa en prácticas tales como la visualización y el tantra tibetanos para ayudar a alcanzar este objetivo.

El dzogchen se popularizó con la diáspora tibetana, a principios de la década de 1950, y el decimocuarto Dalai Lama es un maestro de este estilo. *El Libro tibetano de los muertos* es una famosa traducción temprana de las enseñanzas dzogchen, aunque se afirma que sufre de muchos errores de traducción.

ESTILOS MODERNOS DE MEDITACIÓN CRISTIANA

Aunque muchas personas, incluso cristianas, no lo sepan, el cristianismo tiene una rica historia de prácticas meditativas. Muchas de estas prácticas se desarrollaron dentro del propio cristianismo, y otras se tomaron prestadas de otras tradiciones religiosas. La meditación también puede ser sinónimo de oración contemplativa en la práctica cristiana.

Dentro de estas prácticas cristianas de meditación surgen dos categorías básicas: la catafática y la apofática. La teología catafática en el cristianismo se refiere a lo que Dios es, mientras que la apofática describe lo que Dios no es. Estos dos puntos de vista ofrecen beneficios distintos cuando se incorporan a la meditación.

Meditación apofática

Este tipo de meditación, en el cristianismo, consiste en experimentar a Dios sin imágenes ni palabras, ni ningún tipo de ayuda exterior. La meditación apofática surge de gran parte de los escritos de los primeros Padres del Desierto y del uso de mantras tales como la Oración de Jesús. En este tipo de meditación no se persigue ningún objetivo en particular, salvo apartar la atención de uno mismo e intentar ser fiel a Dios.

Meditación catafática

La oración y la meditación catafáticas difieren de las formas apofáticas porque emplean imágenes, gestos, palabras, posturas y/o cualquier cosa que dé forma a lo informe. El uso de un rosario mientras se reza, arrodillarse para rezar, hacer la señal de la cruz o mirar una imagen para incitar estados de oración son ejemplos de prácticas catafáticas.

Formas

Existen numerosas formas de meditación cristiana en Estados Unidos, y los tipos de práctica varían mucho. La Iglesia católica promueve las prácticas catafáticas de la meditación eucarística y del rosario, en las que el ritual y las oraciones, como el Ave María, se convierten casi en cánticos, al ser repetidos por los feligreses.

LA MEDITACIÓN EN EL JUDAÍSMO ACTUAL

La rama mística del judaísmo llamada Cábala, que se desarrolló en el siglo XI d. C., contiene numerosas prácticas meditativas y contemplativas. Entre ellas figuran las visualizaciones y la contemplación de los nombres y atributos de Dios. El jasidismo, que se desarrolló varios siglos después, también utiliza prácticas de contemplación en forma de meditaciones a pie y reclusión.

Otra escuela del judaísmo, llamada Mussar, que se desarrolló en el siglo XIX, utiliza prácticas de meditación para la mejora ética. Los adeptos se centran en desarrollar rasgos positivos y virtudes dentro de sí mismos mediante la práctica de observar cómo divaga su mente, una práctica que también se parece mucho a la meditación *mindfulness*.

LA MEDITACIÓN EN EL ISLAM ACTUAL

El Islam ha conservado vertientes místicas, como el sufismo, que tienen en gran estima la meditación. Muchos rituales islámicos pueden ser inherentemente meditativos, al igual que los de los servicios de oración judíos. El islam defiende la existencia de cinco pilares de la fe: el recitado de la profesión de fe musulmana, la peregrinación a la ciudad santa de La Meca, la oración cinco veces al día, el ayuno durante el mes de Ramadán y la práctica de la caridad para con los pobres. Aunque cada uno de ellos podría convertirse simplemente en un hábito o una simple práctica regular, también podrían realizarse de forma contemplativa.

La vertiente mística del sufismo tiende a alejarse de las formas más políticas de la religión y se centra en la espiritualidad interior. El camino del amor y la relación con el Amado (Dios) son de suma importancia para los sufíes, como se aprecia en la gran poesía de escritores como Rumi y Hafiz.

El sufismo llegó a Estados Unidos en la década de 1920, de la mano del maestro sufí de origen indio Hazrat Inayat Khan. Su hijo creó más tarde la Orden Sufí de Occidente, abierta y dispuesta a acoger las enseñanzas de todas las tradiciones religiosas. En Occidente han surgido otras órdenes sufíes en torno a maestros específicos, como la Orden Sufí Dorada, con el famoso maestro Llewellyn Vaughan-Lee.

OTRAS FORMAS POPULARES DE MEDITACIÓN

Debido a la creciente globalización y a la transmisión de ideas entre culturas, no han dejado de surgir nuevas formas de meditación, al tiempo que las más antiguas adquieren un nuevo aspecto y un énfasis diferente. Muchas de estas nuevas formas son enfoque puramente técnicos y pueden practicarse de forma secular. Otras tienen sus raíces en tradiciones religiosas específicas, pero ya no necesitan practicarse dentro de los confines de la doctrina o el dogma.

Meditación trascendental

Aunque la Meditación Trascendental (MT) se popularizó en la década de 1970 en Estados Unidos, tiene sus orígenes en la meditación védica y ha aparecido de vez en cuando en las tradiciones de meditación. El fundador de la MT en Estados Unidos fue Maharishi Mahesh Yogi. Fue alumno del maestro indio Swami Brahmananda Saraswati, perteneciente a la tradición Shankaracharya de yoga. Pasó muchos años viajando, en un intento de hacer comprender la esencia básica de la meditación y por eso llamó a su método Meditación Trascendental, para liberarlo de confusiones o malentendidos relacionados con otros métodos de meditación. Tras casi dos décadas enseñando MT por todo el mundo, en 1970 se celebró la primera sesión de formación en Estados Unidos.

La premisa básica de la MT no es la concentración ni la visualización. Más bien se utiliza un mantra de forma superficial, y se permite a la mente vagar con libertad, hasta que finalmente alcance un lugar de silencio y descanso. Sin embargo, a diferencia de muchas otras prácticas de meditación que pueden aprenderse gradualmente sin ninguna instrucción formal, la MT requiere una formación específica.

Tras su auge inicial, el número de adeptos disminuyó a principios de los ochenta. Sin embargo, la MT ha recuperado popularidad en la última década, en gran parte debido a la mayor accesibilidad para las personas que desean probarla, junto con la reducción de las tarifas de los cursos y la instrucción. Según algunos informes, más de diez millones de personas, de cincuenta países, han aprendido a meditar con la MT.

Meditación chakra

En las tradiciones de base hindú, tales como el yoga y el ayurveda, la práctica espiritual se centra en los chakras. *Chakra*, que se traduce del sánscrito como *rueda* o *disco*, se refiere a una rueda de energía. El cuerpo contiene siete chakras que albergan la energía vital llamada *prana*. Se cree que cada uno de estos chakras corresponde a glándulas endocrinas específicas del cuerpo. La alineación adecuada y el flujo de energía a través de estos chakras es lo que mantiene a las personas equilibradas, sanas y llenas de vitalidad. A continuación, se describen brevemente los siete chakras:

CHAKRA MULADHARA El chakra raíz está situado en la base de la columna vertebral y se asocia con el arraigo y la protección. Influye en los sentimientos de seguridad y estabilidad.

CHAKRA SVADHIS·HT·HANA El chakra sacro está situado en el bajo vientre y se asocia con la creatividad, la sexualidad y la reproducción. Se abre a nuevas experiencias y fomenta la exploración de nuevas posibilidades.

CHAKRA DEL MANIPURA El chakra del ombligo está situado junto al plexo solar y se asocia con la confianza en uno mismo y la fuerza. Estimula la felicidad y el poder.

CHAKRA ANAHATA El chakra del corazón está situado en el centro del pecho y se asocia con la compasión y el amor. Cuando está abierto, el chakra del corazón permite expresar tanto el amor propio como el amor por los demás.

CHAKRA VISHUDDHA El chakra de la garganta está situado en el centro del cuello y se asocia con la comunicación y la expresión claras. Un chakra de la garganta abierto estimula la honestidad y la capacidad de sentirse seguro al decir lo que se piensa.

CHAKRA AJNA El chakra del tercer ojo está situado en la frente, por encima de las cejas, y se asocia con la conciencia espiritual y la intuición psíquica. Ayuda a resolver problemas de forma creativa y reduce los niveles de estrés cuando está equilibrado.

SAHASRARA CHAKRA El chakra coronal está situado en la parte superior de la cabeza y se asocia con la iluminación y la energía cósmica. Un chakra coronal equilibrado conduce a sentimientos de conexión espiritual y bienestar.

Cuando diferentes chakras se bloquean o tienen un flujo disminuido, por el motivo que sea, el cuerpo lo compensa enviando más flujo de energía a los otros chakras. Esto puede contribuir a un desequilibrio del flujo de energía, haciendo que el cuerpo muestre diferentes síntomas. Las meditaciones sobre los chakras ayudan a romper los bloqueos, centrándose en los chakras como un sistema integrado y, posteriormente, en cada chakra, de forma individual. Existen distintas formas de meditación de los chakras. Algunas son guiadas y hacen que el practicante se centre en el color asociado a cada chakra. Otras utilizan mudras, o posiciones especiales de las manos, y cantos de mantras.

Occidente conoció la teoría de la energía chakra a través de traducciones de textos indios, a finales del siglo XIX. Sin embargo, se han hecho comparaciones con los chakras en las enseñanzas ortodoxas orientales del hesicasmo y en algunas de la Cábala. Divulgadores como Deepak Chopra y el aumento de la popularidad de la curación y la medicina Ayurveda han contribuido a que se tenga una mayor conciencia de la meditación de los chakras a América.

Meditar caminando

Meditar caminando tiene una larga historia en el budismo, y es un método para estar atento y en silencio mientras se camina, a menudo siguiendo un patrón prescrito, a un ritmo constante. Existen formas muy específicas, como el *Kinhin*, en el que los practicantes caminan en sentido contrario a las agujas del reloj siguiendo un patrón de respiración establecido mientras mantienen el puño cubierto con la otra mano. Meditar caminando también puede hacerse en el interior, deambulando en círculos alrededor de una habitación, o en un sendero o jardín al aire libre.

Se supone que Buda habló de cinco beneficios principales de meditar caminando. Enseña resistencia, ayuda a superar la somnolencia, promueve la buena salud, facilita la digestión y fomenta la concentración. La tradición budista de los bosques tailandeses se toma estas ideas muy en serio, y meditar caminando es uno de los objetivos principales de su práctica. Algunos maestros de la meditación del bosque tailandés practican la meditación caminando hasta quince horas al día.

Meditación en el laberinto

La meditación en el laberinto es una forma específica de meditación caminando. Los laberintos modernos proceden de la antigüedad griega y egipcia, pero los arqueólogos también han encontrado arte laveríntico en las primeras culturas indias y nativas americanas. En la Prehistoria se creía que eran trampas para espíritus malignos, pero con el tiempo se han asociado a peregrinaciones y viajes. Las primeras iglesias cristianas dibujaron laberintos en el suelo de las catedrales como parte del culto. Otros los han utilizado como herramienta para la oración contemplativa. En la actualidad se han hecho populares en ciertos grupos, como las iglesias unitaristas universalistas, y grupos como la *Labyrinth Society* los enseñan activamente.

Un *Laberinto* no contiene trucos ni pasajes sin salida. Más bien proporciona una especie de meditación andante, en la que alguien serpentea realizando un viaje hacia el centro del laberinto, en un abandono simbólico del mundo exterior, y tal vez despojándose de problemas y penas. Cuando se llega al centro del laberinto, que es un lugar de paz, se emprende el viaje de vuelta al mundo exterior.

Meditaciones Tonglen y Metta

Aunque la meditación se suele considerar un proceso que beneficia a la persona que la practica, hay algunas formas que se dirigen hacia el exterior y están pensadas para beneficiar a los demás. Dos de estas últimas son la meditación *tonglen* y la meditación *metta*.

La *meditación tonglen* es una práctica budista tibetana que han enseñado el Dalai Lama y Pema Chodron en las últimas décadas. La premisa del tonglen es, a un nivel muy básico, inspirar sufrimiento y espirar alegría. Esto puede hacerse a nivel individual (uno mismo u otra persona: inspirar el sufrimiento percibido de una persona y exhalar paz y consuelo hacia ella) o reconociendo el sufrimiento que se produce a escala global y reaccionando ante el mismo. Esta práctica, que puede parecer bastante desalentadora para un meditador principiante, no pretende por fuerza que uno asuma de manera individual el sufrimiento, sino más bien reconocerlo y aceptarlo. Tal como escribió Trungpa, la práctica del tonglen tiene el poder de «desarrollar la actitud psicológica de ponerse en el lugar de los demás».

La *meditación metta* se asemeja al tonglen en el hecho de que tiene el propósito de dirigir buenos pensamientos y buenos deseos hacia los demás. Puede hacerse mediante la simple repetición de frases como «Que yo sea feliz» y «Que todos los seres del mundo sean felices». También incluye visualizar el sufrimiento de las personas que ves a tu alrededor. Sin embargo, metta no es tan profunda como tonglen. Cuando se practica la meditación metta, uno se limita a enviar «buenas vibraciones», más que a intentar realmente recibir sufrimiento en el corazón. Debido a que el tonglen es mucho más intenso, a menudo no se recomienda como práctica para principiantes.

Chi kung

El *chi kung* es un sistema energético medicinal tradicional chino que existe desde hace milenios. Aunque existen muchas formas diferentes de esta práctica, todas se centran en la postura/movimiento, la respiración y la meditación. En el chi kung la meditación se utiliza para abrir el flujo de energía al cuerpo, lo que ayuda a integrar la mente y el cuerpo.

Actualmente existen cinco grandes categorías de práctica del chi kung: médica, budista, taoísta, confuciana y artes marciales. Las tradiciones médicas y taoístas se centran en el chi kung como medicina, una forma de preservar el cuerpo y asegurar una larga vida. Las tradiciones budistas lo utilizan como medio para alcanzar la iluminación y la liberación. El chi kung confuciano persigue elevadas normas morales y una mayor sabiduría. Por último, el chi kung de las artes marciales es específico para perfeccionar la habilidad en el uso de las armas y la defensa personal, como su nombre indica.

El mundo occidental desconocía la práctica del chi kung hasta principios de la década de 1970, cuando Nixon mejoró las relaciones con China. El público estadounidense tardó otras dos décadas en conocerlo, cuando Bill Moyers hizo una serie en la PBS sobre el tema. Sin embargo, desde entonces ha ganado popularidad, contando con millones de practicantes en todo el mundo.

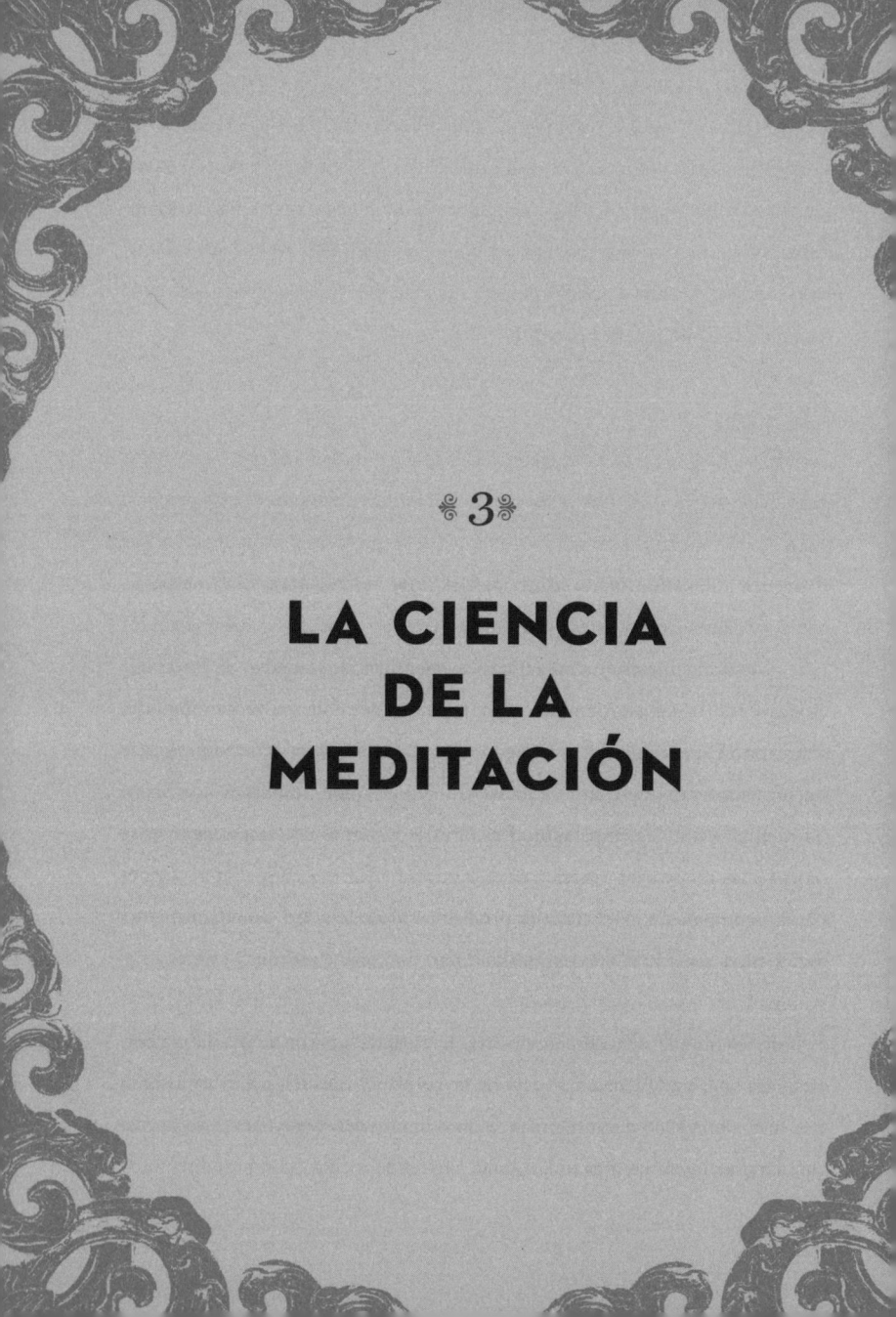

3

LA CIENCIA DE LA MEDITACIÓN

ETIROS. PRÁCTICA DIARIA DE *MINDFULNESS*. YOGA. Zen. Todas estas palabras se han incorporado a nuestros oídos occidentales. Las prácticas de meditación, tomadas de las tradiciones y las filosofías orientales, se han puesto de moda en todo el mundo, sobre todo Estados Unidos, y la meditación ya no es solo cosa de budistas. De hecho, empresas importantes, como Google y Apple, imparten formación en meditación a sus empleados. En algunos sistemas escolares también se anima a los niños a ser conscientes en su trabajo diario y en sus interacciones con los compañeros de clase. Los profesionales de la salud mental animan a sus clientes a meditar con regularidad para mejorar su bienestar emocional y mental.

Este enfoque, relativamente nuevo, ha surgido a partir de prácticas desarrolladas en la antigüedad. La mayoría de las principales religiones y filosofías que han sobrevivido durante miles de años mantienen y promueven su propio tipo de práctica de meditación, aunque a menudo reciban nombres diferentes.

Muchas de tales prácticas se transmitieron a través de numerosas generaciones, por parte de grupos específicos de personas que utilizaban métodos de entrenamiento sistemáticos. La meditación no era algo en lo que las masas populares participaran con regularidad.

Los tiempos están cambiando. Según la encuesta nacional de 2012, *Use of Complementary Health Approaches in the U.S.*, realizada por el Instituto Nacional de Salud (NIH) en colaboración con los Centros para el Control y la Prevención de Enfermedades, 18 millones de adultos estadounidenses afirman participar en algún tipo de meditación. Además, el número de practicantes de yoga se duplicó en la década anterior. De hecho, la meditación ya no puede considerarse un simple pasatiempo o un método de autoayuda espiritual que practican las personas en sus casas. La meditación y la atención plena se han convertido en su propio gran negocio, con unos beneficios en el sector que rozaron los mil millones de dólares el año pasado.

A lo largo del siglo xx y en lo que va del xxi, el mundo de la ciencia se ha ido poniendo al día con lo que gran parte del mundo religioso y espiritual sabía desde el principio: La meditación aporta beneficios muy reales y tangibles que no son solo para grupos aislados de personas. Además, el estudio de la meditación y sus efectos sobre los seres humanos y el mundo que les rodea se ha convertido en una verdadera ciencia en sí misma. Con el desarrollo de los escáneres cerebrales y neurológicos, nuestras mentes occidentales por fin pueden vislumbrar lo que la meditación puede ofrecernos realmente, con el apoyo de las evidencias que nuestra cultura tanto valora.

La meditación abarca desde el yoga y los estilos de trabajo corporal hasta las técnicas tradicionales de «sentarse y prestar atención a la respiración». Algunas personas meditan para intentar alcanzar la iluminación. Otras lo hacen como forma de entrenarse para la compasión. Otros meditan con la esperanza de atraer la riqueza material y el éxito a sus vidas. Se pueden esgrimir argumentos a favor de cada uno de estos resultados, pero la ciencia sugiere ahora que puede haber cambios físicos y mentales medibles derivados de la meditación, a pesar de las diferentes prácticas y objetivos finales.

Determinar la eficacia y la validez de la meditación como ciencia puede ser un reto, debido a la subjetividad que implica. Esto es especialmente cierto en el caso de los acontecimientos que se originan en la mente, y son difíciles de observar y probar. Es aún más difícil en el caso de un concepto como la meditación, que es relativo en lo tocante al examen científico riguroso, porque las metodologías y los protocolos aún no existen. Investigadores de la Universidad Johns Hopkins llevaron a cabo una revisión exhaustiva de miles de artículos, escritos en décadas anteriores, sobre los beneficios de la meditación y redujeron su búsqueda a cuarenta y siete estudios que consideraron candidatos viables para determinar la eficacia de la meditación. Al igual que la Johns Hopkins, otros que revisaron la literatura destacaron la necesidad de mejorar los diseños de los estudios en el futuro. Muchos de los primeros estudios sobre meditación se enfrentaron a innumerables problemas, como no tener en cuenta el efecto placebo, establecer grupos de control inadecuados y permitir otras formas de sesgo que podrían haber influido significativamente en sus datos.

A pesar de estas preocupaciones, la meditación como tema de estudio dentro del mundo médico está ganando impulso. Conocidos y respetados defensores de la meditación, tales como Jon Kabat-Zinn o el psiquiatra Bessel van der Kolk, se están asociando con instituciones médicas a medida que la medicina occidental se abre cada vez más a las terapias alternativas.

4

CAMBIOS QUE LA MEDITACIÓN PRODUCE EN LA ESTRUCTURA CEREBRAL

LO MÁS IMPORTANTE QUE LA CIENCIA HA REVELADO sobre la meditación es que provoca cambios en el cerebro, tanto estructurales como funcionales. Los estudios realizados en las últimas décadas han demostrado repetidas veces que existen mejoras en todos los ámbitos, desde la memoria hasta el control del dolor. Sin embargo, antes de destacar estos beneficios, es importante echar un vistazo a los cambios anatómicos que conducen al cambio funcional.

TEJIDOS CEREBRALES

El sistema nervioso central del cuerpo humano, formado por el cerebro y la médula espinal, contiene dos tipos de tejido: la materia gris y la materia blanca. En pocas palabras, la materia gris está formada por todas las células nerviosas, llamadas *neuronas*, mientras que la materia blanca está formada por *axones*, que son proyecciones en forma de dedos que conectan todas las neuronas. La materia gris es la principal responsable del procesamiento de la información en el cerebro; la materia blanca contribuye a la transmisión de señales.

En una revisión de 2014, publicada en *Neuroscience & Biobehavioral Reviews*, se llevó a cabo un análisis comparativo de veintiún estudios, que utilizaron neuroimágenes para evaluar los cambios en la estructura cerebral producidos por la meditación. Los estudios incluidos en la revisión mostraron de forma consistente que la meditación -incluso periodos relativamente cortos de aproximadamente treinta minutos al día durante ocho semanas- provocaba cambios en el volumen del tejido cerebral en varias regiones de la materia gris. Estos tipos de cambios que se producen en el volumen cerebral forman parte de un fenómeno conocido como *neuroplasticidad*.

La neuroplasticidad es la capacidad del cerebro de alterarse a sí mismo para curarse de lesiones o adaptarse a nuevos entornos. El aumento de volumen en ciertas partes del cerebro puede ayudar a mejorar diversas funciones, mientras que la disminución de volumen en áreas específicas puede ayudar a disminuir la ansiedad y las respuestas al estrés.

Las primeras conclusiones de un estudio realizado a principios de este año apuntan a que la meditación también aporta beneficios al tejido de la materia blanca. Los cambios y la degradación de la materia blanca en las personas mayores pueden desempeñar un papel importante en la discapacidad y las enfermedades vasculares. Cuando la materia blanca empieza a desgastarse, las personas corren un mayor riesgo de sufrir depresión, problemas de movilidad, problemas cardiovasculares y deterioro cognitivo. Sus primeros hallazgos sugieren que las fibras nerviosas de la materia blanca pueden conservarse mejor gracias a la meditación, ayudando así a mantener la integridad del cerebro a lo largo del proceso de envejecimiento.

ASIGNACIÓN Y PROCESAMIENTO DE RECURSOS

El cerebro, por maravilloso que sea, tiene una capacidad limitada para centrar la atención en cosas diferentes. Sin embargo, gracias a la neuroplasticidad, el cerebro es capaz no solo de modificar puntos estructurales, sino también de ajustar la forma en que asigna sus recursos y establece redes neuronales. Un ejemplo de ello es un fenómeno llamado «parpadeo atencional». Un parpadeo atencional es un vacío en la identificación, por ejemplo, cuando intentamos procesar dos informaciones significativas muy próximas entre sí. Nuestros cerebros tienden a quedarse atascados en el primer acontecimiento y pasar por alto el segundo debido a un desfase en el tiempo de procesamiento de la información.

«El entrenamiento mental afecta a la distribución de recursos cerebrales limitados», un estudio basado en participantes que asistieron a un retiro de meditación de tres meses en *la Insight Meditation Society* de Barre, Massachusetts, demostró que un entrenamiento mental intenso, como el que proporciona la meditación, puede afectar significativamente a la respuesta de parpadeo atencional. Los autores del estudio plantean la hipótesis de que el entrenamiento mental enseña al cerebro a evitar asignar todos sus recursos al primer acontecimiento, lo que le permite pasar rápidamente a centrarse en el segundo, con lo que el parpadeo atencional es más breve. En teoría, esto implica que la meditación podría ayudar a las personas a mover su atención, sin brusquedad, de un acontecimiento a otro, sin quedarse atascadas en uno y perderse completamente el siguiente. Un parpadeo atencional más corto ofrece muchas implicaciones en el mundo real, incluida una mejor autorregulación, que se analizará a continuación.

MEDITACIÓN Y SALUD EMOCIONAL

La meditación, especialmente la meditación *mindfulness*, ayuda a potenciar la salud emocional a través de una buena autorregulación. La capacidad de autorregulación nos salva de ser zarandeados de un lado a otro por influencias, circunstancias y acontecimientos externos. Cuando nos autorregulamos bien, somos más capaces de controlar la trayectoria de nuestras vidas emocionales y las acciones resultantes basadas en nuestros valores y sentido del propósito. Los investigadores han propuesto tres componentes importantes de la autorregulación: la regulación emotiva, la autoconciencia y el control de la atención.

Regulación emotiva

La regulación emotiva implica el empleo de distintas estrategias que nos ayudan a navegar por nuestros estados emocionales. Esta regulación es una importante habilidad vital, que nos ayuda no solo a evitar actuar de forma precipitada o peligrosa, empujados por nuestros sentimientos, sino también a motivarnos o animarnos cuando no nos sentimos seguros de nuestra posición.

Autoconciencia

La autoconciencia es la capacidad de entender quién eres como persona: tu personalidad, tus motivaciones, tus puntos fuertes y tus debilidades. Las personas conscientes de sí mismas son capaces de vivir con autenticidad, porque saben quiénes son en relación consigo mismas y con los demás. También son capaces de entender mejor a los demás y cómo responden a ellos.

Control de la atención

El control de la atención es como suena: la capacidad de controlar dónde mantienes la atención. Parece sencillo, pero en realidad es muy difícil. Nuestras mentes se distraen muy fácilmente sin entrenamiento y revolotean aquí y allá a lo largo del día. Las prácticas de meditación ayudan a nuestros cerebros a aprender a mantener la atención fija en una cosa durante periodos de tiempo más largos.

AUTORREGULACIÓN

La regulación emocional, la autoconciencia y el control de la atención no resultan nada nuevo para quienes practican la meditación con regularidad ni para el mundo de la psicología. Pero la ciencia de cómo la meditación afecta realmente a la función cerebral para promover la salud emocional constituye un campo relativamente nuevo. En muchos casos, lo mejor que pueden ofrecer los científicos sobre cómo afecta la meditación al bienestar emocional son conjeturas.

Cuando se produce una respuesta emocional en el cerebro, algunas partes se activan y otras se anulan. La forma en que se percibe un acontecimiento que provoca una respuesta emocional también controla las zonas de activación cerebral. En teoría, este fenómeno puede cambiar en función de cuánto tiempo lleva alguien meditando. Por ejemplo, un principiante en meditación podría beneficiarse de la activación de su corteza prefrontal (CPF) durante un acontecimiento emocional, mientras que su amígdala se calma. El CPF es la parte del cerebro donde nos dedicamos al pensamiento complejo, la resolución de problemas y la planificación, mientras que la amígdala controla nuestras respuestas de lucha o huida, y se activa cuando nos encontramos estresados.

Las investigaciones sugieren que el cerebro de un principiante en meditación puede aprender a gestionar las emociones pasando el control al CPF, mientras que alguien con experiencia en meditación puede que ya no necesite el CPF para gestionar las emociones importantes. De hecho, el cerebro de un meditador experimentado está «automatizado» para aceptar los estados emocionales sin apego. En cualquier caso, deprimir una amígdala puede ayudar a una persona a abordar una situación emocional de forma más calmada y controlada.

La autoconciencia es un área difícil de entender para los científicos, meditación aparte. La autoconciencia requiere conciencia, de la que es responsable la corteza cerebral (la materia gris que cubre los dos hemisferios del cerebro). La corteza cerebral ayuda a modular muchos de los rasgos que nos hacen humanos y nos diferencian de otras criaturas, que tienen un simple comportamiento animal. Sin embargo, se han documentado casos de personas que pierden actividad en partes significativas de su corteza cerebral a causa de lesiones o enfermedades y, aun así, se comportan con bastante normalidad. Sucesos inesperados como estos mantienen perplejos a los investigadores, que intentan descifrar cómo funciona el cerebro.

Los científicos sugieren que mantenemos la atención utilizando varias redes cerebrales diferentes. El control de la atención se consigue a través de tres redes separadas pero interrelacionadas que se centran en la excitación, el estado de alerta y el compromiso atencional. Básicamente, diferentes áreas del cerebro se activan cuando algo llama nuestra atención, otras áreas nos ayudan a estar alerta y a prestar atención, y otras nos ayudan a mantener la concentración. Un área del cerebro no funciona sola, sino que, por el contrario, muchas trabajan conjuntamente. Incluso cuando te distraes y tu mente divaga, tu cerebro está entrando en una red de modo predeterminado, con su propio patrón de activación. La meditación ayuda a entrenar al cerebro para que vuelva a este patrón por defecto con menos frecuencia, de modo que no perdamos la atención a lo que ocurre en el presente.

RESULTADOS SOBRE LA SALUD EMOCIONAL

Se han hecho muchas afirmaciones sobre los resultados para la salud emocional que se derivan de la práctica de la meditación. Se ha relacionado con una disminución de la ansiedad, de la respuesta al estrés ante estímulos negativos y de la actitud defensiva del ego. También se ha relacionado con un mejor estado de ánimo, una disminución de la depresión y un aumento general de la sensación de bienestar. Por último, se ha demostrado que la meditación ayuda a las personas con insomnio crónico a dormir mejor.

La meditación suele reportar beneficios muy útiles a las personas que sufren desregulación emocional, especialmente para las que han sufrido traumas. La Meditación Trascendental (MT), en particular, ha dado buenos resultados en personas que han sufrido acontecimientos vitales emocionalmente devastadores. Por ejemplo, el ejército estadounidense ha realizado estudios preliminares y ha descubierto que la práctica de la MT reduce la necesidad de prescripción de fármacos psicotrópicos entre los veteranos de guerra. Los supervivientes del tsunami que asoló Japón, en 2011, comprobaron que sus niveles de estrés eran más bajos tras practicar MT durante un periodo de diez días. Los refugiados congoleños, que son un colectivo humano que ha sufrido traumas extremos por genocidio, violencia sexual y tortura, parece que también se han beneficiado de la MT, mostrando una reducción de los síntomas del trastorno de estrés postraumático (TEPT).

En última instancia, aunque la salud emocional se ha promocionado como una de las principales ventajas de la meditación, es necesario realizar más estudios clínicos de gran envergadura para dilucidar los detalles científicos de cómo la meditación ayuda a las personas a sentirse mucho mejor. Una parte considerable de los estudios anteriores que han evaluado los resultados emocionales carecían de grupos de control, no eran aleatorios o se basaban en cuestionarios y encuestas, que están menos sujetos a análisis de datos de calidad.

MEDITACIÓN Y TRATAMIENTO DEL DOLOR

Los estudios han demostrado que la meditación parece ayudar a reducir la fibromialgia, el dolor lumbar, la artrosis, las migrañas y muchos otros tipos de dolor crónico. Sin embargo, la mayoría han sido estudios pequeños y preliminares. Los investigadores están de acuerdo en que no se conocen bien las vías de alivio del dolor mediadas por la meditación. Investigar el dolor puede ser una empresa difícil, con muchos factores de confusión y subjetividad, especialmente en la forma en que los participantes en el estudio toleran y describen el dolor. A pesar de ello, muchos albergan la esperanza de que la meditación pueda ser una solución real a la luz de la actual crisis de opiáceos, y la necesidad de soluciones alternativas y convincentes para el tratamiento del dolor.

Una pregunta primordial que los científicos deben responder es cómo ayuda realmente la meditación en la cuestión del dolor. Un estudio realizado en 2015, con un grupo de 109 participantes, descubrió que un programa de *mindfulness*/meditación para el dolor puede ofrecer beneficios reales para gestionar el dolor crónico, pero quizá no una reducción tangible del dolor. El estudio evaluó a los participantes durante un periodo de seis meses, utilizando un grupo de meditación y otro grupo de control. Los cambios en el dolor real que sentían los participantes del grupo de meditación fueron insignificantes. Sin embargo, los participantes en la meditación mostraron una mayor capacidad para aceptar el dolor, sentir que lo controlaban y mantener una mejor salud mental mientras experimentaban dolor. Queda mucho por hacer en este campo para comprender mejor este escenario: ¿la meditación alivia realmente el dolor en sí, o las personas aprenden a aceptar y controlar su dolor meditando y realizando una mejor autorregulación?

MEDITACIÓN Y FUNCIONAMIENTO DE LOS SISTEMAS CORPORALES

Además de ayudar a controlar el dolor y mejorar la salud mental, las prácticas de meditación también pueden ser beneficiosas para diversos sistemas del organismo. Se sabe desde hace mucho tiempo que el estrés crónico conduce a niveles persistentemente altos de cortisol en el cuerpo, lo que puede contribuir a la depresión, enfermedades del corazón y problemas digestivos, por nombrar solo algunos. Un estado constante de actividad altamente emocional pone a prueba los órganos del cuerpo a través de un desgaste continuado.

Una revisión del efecto de la meditación sobre la salud cardiovascular determinó que la meditación, incluso en duraciones tan cortas como una semana, puede disminuir los niveles de cortisol en el organismo al reducir las respuestas al estrés. La revisión también determinó que la meditación parece influir positivamente en los acúmulos de lípidos (grasas) de los pacientes, así como reducir potencialmente el riesgo de ataques cardíacos y enfermedades cardiovasculares. Otras revisiones similares han descubierto que la meditación puede ayudar a mejorar la inmunidad al disminuir la inflamación y aumentar las respuestas inmunitarias de las células, lo que podría proporcionar cierta medida de protección contra las infecciones bacterianas y víricas.

MEDITACIÓN Y COMPORTAMIENTO

Dado que se ha demostrado que la meditación ayuda a regular las emociones y la respuesta al estrés, parece obvio que podría ayudar con los problemas de comportamiento. Cuando las personas están bien reguladas emocionalmente, es menos probable que se comporten mal o que tomen decisiones precipitadas. Por este motivo, se han llevado a cabo programas de meditación en diversos entornos para ayudar tanto a niños como a adultos.

Cada vez se presta más atención al entrenamiento en meditación en familias con niños autistas. El objetivo es formar a los padres para que afronten sus propios problemas personales, entrenar a los padres y al niño para que trabajen juntos en los problemas de su relación conjunta y, por último, ayudar al niño con sus propios desencadenantes que conducen a comportamientos no deseados, todo ello a través del *mindfulness*. Los datos en este campo son aún preliminares, pero parece esperanzador que la meditación pueda ser una herramienta útil para los padres con hijos en el espectro autista.

Otro ámbito en el que la meditación está ayudando al comportamiento es en las escuelas. Muchas escuelas de Estados Unidos han implantado algún tipo de programa de meditación con varios objetivos manifiestos. La meditación trabaja dentro de la idea de la neuroplasticidad, como hemos comentado antes, que ayuda en el aprendizaje. Asimismo ayuda a regular las emociones y puede servir como una forma compasiva de disciplina. Por último, forma parte de una actitud generalizada de comprensión de que la escuela y el aprendizaje en general deben centrarse en el niño como persona holística y no solo como una esponja cognitiva.

Las prácticas de meditación existen desde hace miles de años y es poco probable que desaparezcan. Sus beneficios potenciales merecen muchos más estudios en el futuro y, afortunadamente, se ha despertado el interés por la ciencia que hay detrás de la meditación. Ante el elevado coste de los medicamentos con receta, la falta de opciones no adictivas y a largo plazo para el tratamiento del dolor y la creciente prevalencia del estrés crónico en este país, la meditación puede ser una solución viable. Como mínimo, la ciencia ha demostrado que la meditación es capaz de cambiar el cerebro de forma positiva. Y cuando cambiamos nuestro cerebro, podemos cambiar nuestras vidas.

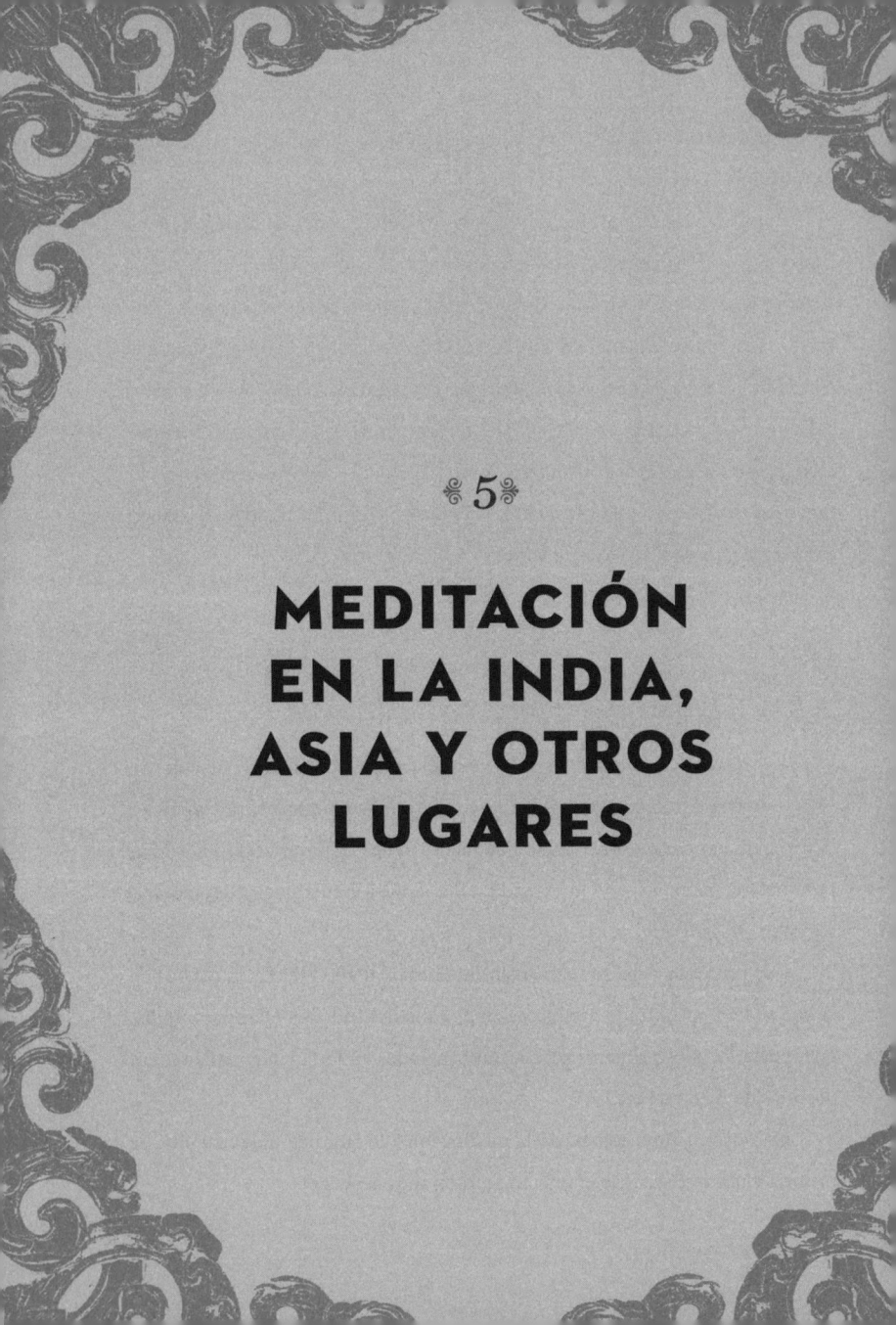

✤5✤

MEDITACIÓN EN LA INDIA, ASIA Y OTROS LUGARES

L A MEDITACIÓN ES UNA PRÁCTICA QUE FOMENTA LA resistencia mental, la perseverancia y la capacidad de recibir sin reparos. Puede que tú o alguien que conozcas emplee esta técnica a diario para calmar el estrés o dar a su mente el descanso que tanto necesita, pero mucha gente no sabe lo extendida que estaba la meditación en muchas regiones geográficas.

Los primeros registros escritos se remontan al año 3000 a. C., época de la que se han encontrado artefactos en el Valle del Indo, en la antigua India, que muestran a los primeros practicantes sentados en lo que hoy se llamarían posturas de meditación.

Entonces, ¿cómo sobrevivió la meditación a lo largo de miles de años de historia y por qué se sigue enseñando tantos años después?

Cuando se piensa en meditación, el país de la India es sin duda el primer lugar que viene a la mente, y es por una buena razón. La meditación se consignó allí en documentos que se remontan al año 1500 a. C., cuando se practicó por primera vez la meditación llamada vedantismo en la religión hindú. El vedantismo procede del Vedanta, una antigua filosofía espiritual que constituye la base de la fe hindú. Afirma la unicidad de la existencia, la divinidad del alma y la armonía de todas las religiones.

En casi todas las versiones de la meditación primitiva, alcanzar la conciencia pura conduce a la salvación y ese es uno de los objetivos principales. Lo mismo puede decirse de la meditación jainista, una de las prácticas habituales del jainismo. La antigua religión india del jainismo fue un movimiento del siglo VI que se separó del hinduismo y fue creado por Mahavira, que creía que la abnegación era el verdadero camino hacia la salvación.

MINDFULNESS EN LA INDIA

Buda Shakyamuni nació en el año 624 a. C., en el norte de la India, en una zona que hoy forma parte del Nepal. Cuando tenía unos veinte años, se adentró en los bosques para dedicar su vida a la meditación, donde pasó mucho tiempo reflexionando sobre el sufrimiento de la humanidad. Sus enseñanzas empezaron a extenderse por la India y Asia.

Hoy en día, el budismo es una de las cuatro religiones más grandes del mundo. La meditación es un componente esencial de la religión, que utiliza la concentración consciente para alcanzar la iluminación y el nirvana final. El budismo se centra en cuatro elementos importantes: la salvación de la moral, la concentración contemplativa, el conocimiento y la liberación. Existen diferentes formas de meditación budista, tales como la tibetana, la zen y la theravadan.

La meditación budista es responsable de gran parte de la forma en que vemos la meditación hoy en día, como nuestra imagen mental de la forma correcta de sentarse durante la meditación.

En el siglo XV se creó en la India una religión monoteísta llamada sijismo. Su principio fundamental es que un Dios gobierna el universo y toda la humanidad se considera igual. Un gran componente de la religión es el pensamiento de que la salvación eterna solo se alcanza a través de la meditación.

DIFUNDIR LA PAZ EN ASIA

El taoísmo se extendió por Asia en la misma época en que el budismo se afianzaba en la India. El taoísmo también se conoce como daoísmo y es una religión basada en el *Tao Te Ching*, un texto político y filosófico. Los seguidores del taoísmo se esfuerzan por vivir en armonía, lo que se conoce como Tao o Dao.

Las técnicas de meditación, muy parecidas a las del budismo, se centran en cuatro áreas principales: concentración, atención plena, contemplación y visualización. La fe taoísta también utiliza la meditación en sus artes marciales. Gracias a la Ruta de la Seda, el taoísmo y el budismo se extendieron por Asia.

QUIETUD EN ORIENTE MEDIO

La segunda religión en importancia en Irán, además del Islam, es la llamada fe Bahá'í. La religión fue fundada a principios del siglo XIX por Mirza Husayn-'Ali Nuri, conocido como Bahá'u'lláh, que significa *Dios sea loado* en árabe. Se separó del Islam chiíta y se fundó en Persia. La religión se centra en la oración y la reflexión y exige un gran servicio a la humanidad. La religión también favorece en gran medida que las niñas reciban educación. Según el artículo titulado «Lo que creen los bahá'ís: La vida del Espíritu», la meditación requiere una reflexión centrada que ayuda a dar al seguidor un sentido definido de sí mismo y aporta una nueva visión de los asuntos prácticos.

Lamentablemente, los seguidores de la fe Bahá'í ubicados en Irán se enfrentan actualmente a una terrible persecución debido a sus creencias.

La religión más extendida en Oriente Próximo es el Islam. Se trata de una religión monoteísta, basada en la fe, que se fundamenta en las revelaciones de Mahoma como profeta de Alá, recogidas en el *Corán*. La meditación se practica ampliamente y con devoción en toda la fe islámica. La meditación gira en torno a la búsqueda de la unicidad de Dios.

El Islam se centra en cinco áreas de meditación: contemplación, reflexión, concentración, observación y presencia de ánimo.

MINDFULNESS EN EL JUDAÍSMO Y EL CRISTIANISMO

Durante la Edad Media, la meditación empezaba a despuntar en la religión judía, aunque ya existía con la creación de la Torá en tiempos de Babilonia. En el siglo XI, con el auge de la Cábala, la meditación judía empezó a extenderse rápidamente por toda la comunidad judía.

En su conjunto, la meditación judía abarca varias versiones diferentes de las prácticas tradicionales, tales como la oración personal, la contemplación, la comunión en busca de la oración, las combinaciones esotéricas de nombres divinos y la percepción emocional.

También requiere la comprensión de conceptos filosóficos y razonamientos éticos. Los místicos judíos practican la idea de centrarse lejos del yo y en buscar la mano divina en todas las cosas. La meditación judía puede ser más rigurosa que las formas convencionales de relajación y puede implicar el centrarse en las letras del alfabeto hebreo.

La meditación comenzó a aparecer en el cristianismo oriental a principios del periodo bizantino y de nuevo en los siglos X y XI, cuando la idea del hesicasmo (la repetición de la Oración a Jesús) arraigó y se extendió por toda la religión. El cristianismo oriental consideraba la meditación como una forma de oración y reflexión constantes.

La meditación en el cristianismo occidental comenzó en el siglo VI, cuando los monjes benedictinos iniciaron una forma de lectura de la Biblia llamada *Lectio Divina*, que en latín significa «lectura divina». En el siglo XX la meditación adquirió más importancia y la práctica de la *Lectio Divina* se generalizó. La oración reflexiva y la meditación se siguen utilizando hoy en día en el cristianismo.

LA METAMORFOSIS DE LAS MEDITACIONES SECULAR Y NUEVA ERA

En el siglo XXI la meditación es una práctica habitual que llevan a cabo tanto personas religiosas como el público en general. La meditación se enseña como una técnica para reducir el estrés que ayuda a la autorreflexión, la paciencia y la concentración.

En su libro *Secular Meditation: 32 Practices for Cultivating Inner Peace, Compassion, and Joy*, Rick Heller explica que la meditación laica consiste en encontrar una forma de mostrar empatía y apreciar la vida viviendo en el aquí y el ahora.

El movimiento de la Nueva Era es la filosofía de que lo divino vive en cada uno de nosotros, manifestándose de diferentes maneras. La meditación Nueva Era combina las ideas de las formas tradicionales de meditación y yoga y las mezcla con nuevas prácticas, tales como la reducción del estrés, las posturas y el ejercicio físico.

Aunque se trata de una técnica milenaria, solo el ocho por ciento de la población afirmó practicar yoga, en un estudio de los Institutos Nacionales de Salud de 2007. El mismo estudio descubrió que un sorprendente 1,6 por ciento de los niños utilizaba la meditación en 2012. Eso supone un aumento de 202 000 niños desde 2007.

Aunque inicialmente se desarrolló para acercar a los grupos religiosos a lo divino y al camino correcto hacia la salvación, la meditación se ha ramificado desde entonces en muchas formas y técnicas diferentes.

A lo largo de la historia, desde el budismo hasta el judaísmo, pasando por el cristianismo, la meditación ha sido una constante en todas las religiones y filosofías.

Otra cosa que no ha cambiado es el efecto positivo que tiene sobre el cuerpo y la mente en su conjunto. Según el Centro Nacional de Salud Complementaria e Integrativa, «la meditación es una práctica de la mente y el cuerpo que tiene una larga historia de uso para aumentar la calma y la relajación física, mejorar el equilibrio psicológico, hacer frente a la enfermedad y mejorar la salud y el bienestar general».

Practicar a diario la atención plena y la meditación puede ayudar a reducir la ansiedad, la depresión y el insomnio; disminuir la tensión arterial, y combatir el dolor persistente en casos de fibromialgia.

La conexión mente-cuerpo y los beneficios de la meditación no pueden ignorarse. «Los beneficios de la práctica van más allá de lo personal, para enriquecer las relaciones con los demás, con la propia comunidad y con el mundo», afirma Heller. Es un paso perfecto para una práctica ancestral conocida por poner el amor a los demás por encima de uno mismo.

6

OM: EL SONIDO UNIVERSAL

SI REFLEXIONAMOS SOBRE LA CREACIÓN DE LA TIERRA, verás que todas las fuerzas de la física se combinaron para crear un flujo y reflujo que mantiene todo funcionando en un continuo y armonioso círculo de vida. Como una máquina bien engrasada, todos hemos estado conectados desde el principio de los tiempos, a través de un hermoso y místico proceso de unidad. Y, desde el principio, todos hemos estado bailando al ritmo de un tambor determinado: una vibración, en realidad. Si tuviéramos que poner esa vibración en palabras, sería simplemente *om*, un sonido universal respetado por todas las religiones y pronunciado por muchas almas reflexivas.

Om, escrito en hindú como *aum*, es el sonido más sagrado y el símbolo más reconocido del hinduismo. Representa la energía infinita de la divinidad y describe cómo todos podemos vivir en un mundo de armonía. Conocido por algunos como la *vibración primordial* de todo el universo, incluidos nosotros mismos, proporciona un espacio para que toda la filosofía y la mitología se encuentren y habiten juntas. De hecho, precede y termina casi todos los conjuros o mantras hindúes. El sonido universal de *om* se encuentra en manuscritos y escritos desde el nacimiento de las tradiciones védicas del hinduismo, el jainismo y el budismo. Según el *International Journal of Yoga*, las descripciones de *om* proceden de cuatro Upanishads (*Mundaka, Mandukya, Svetasvatara* y *Katha*), el *Bhagavad Gita* y el *Yoga Sutra* de Patanjali. En el cristianismo, *om* es el principio de *alfa y omega*, el principio y el fin, y también se encuentra en la palabra *amén*. Las escrituras indias consideran la sílaba sagrada *om* como el sonido primordial del que surgen todos los demás, lo que significa que *om* es el Poder Supremo.

Om es la expresión de todos los sonidos del universo y se mezcla para formar un zumbido perfecto y continuo. ¿Cómo funciona? La física de la Tierra ayuda a que todo se mueva en un círculo continuo -arriba y abajo, derecha e izquierda, repite y vuelve a repetir, y el sonido *om* está estructurado de la misma manera. La meditación om consta de tres letras (*A, U* y *M*) que abarcan todo el ámbito de la forma en que hemos aprendido a articular a través del lenguaje hablado. *Om,* en realidad *aum,* está compuesto en realidad por cuatro sonidos. El sonido *A* procede de la garganta pero empieza en el estómago. La *U* se origina en el pecho y requiere la ayuda de la lengua. El sonido *M* se origina en la cabeza y sale a través de una vibración en los labios. El último sonido es simplemente el silencio, cuando los pulmones se han quedado sin aire, pero la palabra aún perdura en el cuerpo. *Om* es natural para ti porque está formado por todos los sonidos que aprendiste a emitir de niño. El principio -cuando el sonido se origina en la zona del estómago- representa la creación de toda la humanidad. La *U* representa la capacidad de tu cuerpo para insuflar nueva vida y conservar la que llevas actualmente. La *M* muestra que todo cambio debe producirse primero en la mente. El silencio representa la quietud que trae consigo la reforma y la salvación.

Con raíces en la mitología y también vinculado a la Trimurti (la trinidad) en el hinduismo, el sonido *aum* también es representativo: La *A* es el núcleo dorado de Brahma; la *U* es Visnú, que sostenía a Brahma sobre un loto, igual que tu torso sostiene tu cabeza; y la *M* es el ciclo final de la existencia.

Practicar correctamente el mantra *om* aporta muchos beneficios. Los estudios relativos a los procesos autónomos y respiratorios demuestran que mientras la mente se concentra en la meditación om, el cuerpo está combinando la alerta mental con el descanso fisiológico. Esto puede ayudar a que las neuronas del cerebro tengan vía libre para el procesamiento. También se ha demostrado que la meditación ralentiza el ritmo cardiaco y calma la respiración. Cantar *om* reduce el estrés y aumenta la relajación. Un estudio realizado en el *Lady Irwin College* de Nueva Delhi afirma que cantar *om* puede ayudar a los deportistas a prevenir la deshidratación, lo que significa que la conciencia de sus funciones corporales mejora gracias a la sensibilidad que se deriva de *om*.

Hay algo cierto sobre la meditación *om*: es un sonido universal que representa la unidad necesaria para empatizar con quienes nos rodean. Es un sonido y una palabra que abarca toda la vida de una forma mística y conectada.

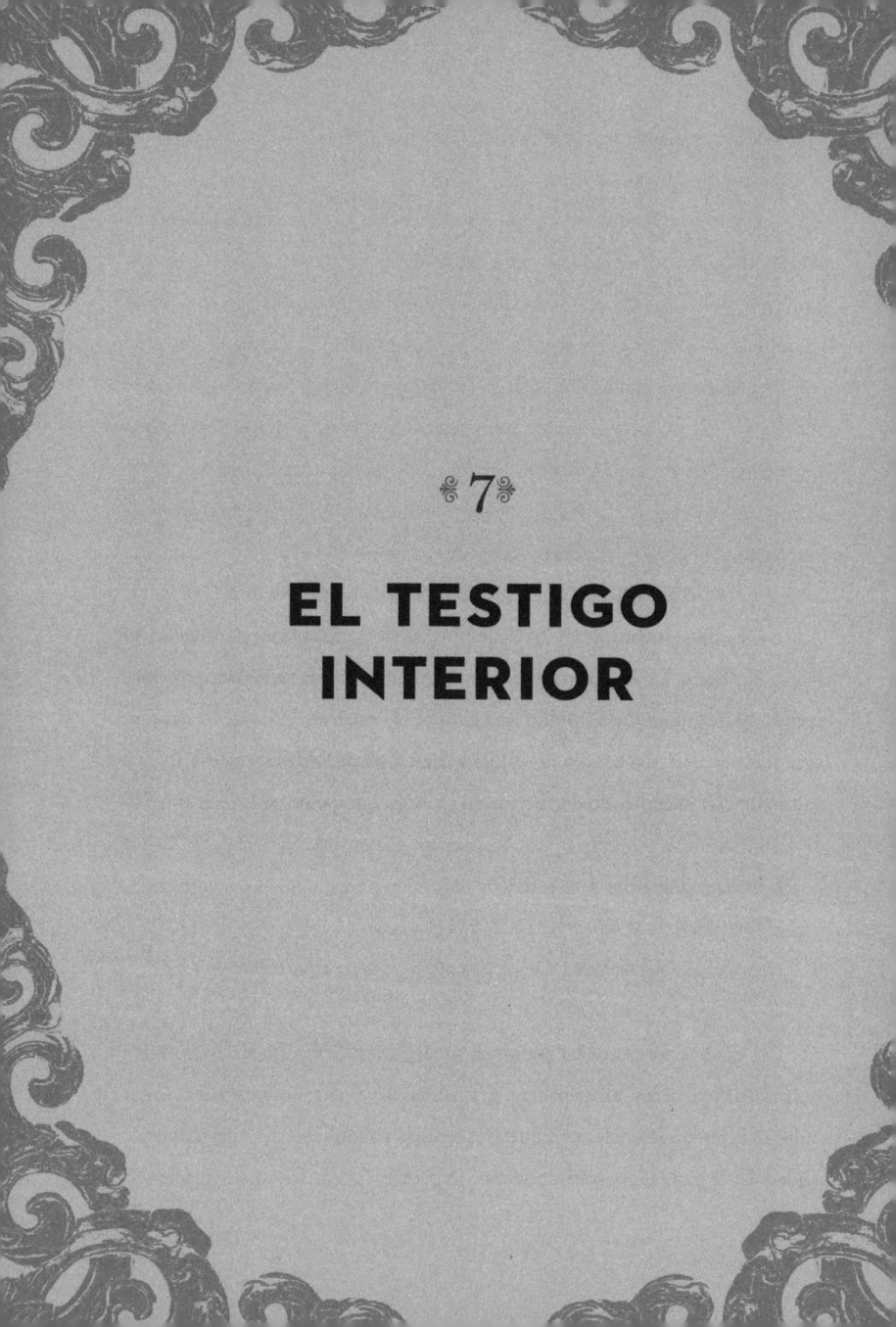

7

EL TESTIGO INTERIOR

L A VOZ DEL MONÓLOGO INTERIOR. TODOS LA TENEMOS. Es esa voz molesta que siempre está parloteando dentro de tu cabeza. Es la misma voz que está diciendo las palabras que estás leyendo ahora mismo para que parezca que las estás oyendo en tu cabeza. ¿Cuántas veces al día esa voz te pide o dice algo para distraerte de lo que realmente está sucediendo en tu vida en el momento presente?

Debería ir al gimnasio. Me estoy volviendo muy vago.
¿Por qué no me ha llamado? Ya no le debo gustar.
No sé por qué me molesto en hacer este trabajo; no significa nada para mí.

Esa voz interior puede hablarnos en situaciones difíciles. Puede ayudarnos a hacer la lista que necesitamos para tener un buen día. Puede ayudarnos a manejar sutiles matices emocionales con nuestros amigos y familiares. Es nuestra personalidad. Es la parte de nosotros que está en primera línea, pensando y haciendo.

En *The Untethered Soul*, de Michael Singer, este fenómeno del parloteo mental que toma el control de tu vida se conoce como tu «compañero interior de piso». El compañero interior de piso vive en tu cabeza, dictando tus pensamientos, tus reacciones y tu estado emocional. ¿Cómo bajamos el volumen de este parloteo interior? ¿Cómo salimos del pensamiento negativo que puede alimentar nuestro parloteo mental? ¿Quién es el responsable de este parloteo mental? ¿Eres tú? ¿Es la voz interior lo que tú eres?

El mundo exterior influye de manera enorme en el parloteo de nuestra mente. Entre lo que recibimos a través de las interacciones sociales y el consumo de todo tipo de medios de comunicación, nuestro monólogo interior se alimenta de forma constante y se nutre de una estimulación persistente. Mucho de lo que vemos y oímos en los medios de comunicación nos dice que lo que somos simplemente no es lo suficientemente bueno. Esto no podría estar más lejos de la realidad. Todos somos hermosas expresiones de energía universal creativa y benevolente.

Esto no quiere decir que no tengamos problemas. Todos tenemos problemas, algunos de los cuales pueden ser serios. Pero algunos de estos problemas son tan solo partes de la existencia humana que se inflan a través del ciclo de escuchar nuestros caóticos pensamientos internos.

CONVERTIRTE EN TU TESTIGO INTERIOR

El problema con el compañero interior de piso es que pensamos que, como está en nuestra cabeza y vive dentro de nosotros, forma parte de nosotros. Pero, ¿qué pasaría si pudiéramos imaginarnos a ese compañero interior de piso como una entidad real fuera de nuestro cuerpo? Pensar en el compañero interior de piso como algo separado es el primer paso para cambiar nuestra conciencia a un estado consciente más profundo. Al pasar al estado de presenciar el objeto de la perturbación en lugar de *ser* el objeto de la perturbación en sí mismo, creamos una conciencia objetiva. Esta creación comienza a separarnos de esta perturbación mental. Esto no quiere decir que los problemas que experimentas desaparecerán. Seguirán existiendo. Pero, a medida que creas esta división y desarrollas objetividad hacia lo que estás presenciando, puedes controlar su nivel de influencia en tus pensamientos y empezar a moverte hacia un lugar de paz interior. Cuando reconfiguras tu conciencia para ver las cosas tal como realmente son, en lugar de verlas a través una lente falsa influenciada por factores externos, te estás permitiendo dar testimonio. A medida que das testimonio, puedes moverte a un marco de referencia diferente con facilidad y discernimiento, en lugar de involucrarte con lo que dicen los pensamientos. Puedes pasar a una posición de responsabilidad y propiedad en lugar de perderte en la vorágine del problema mismo.

Cuando te sientas a meditar, permítete relajarte más profundamente y deja que el parloteo de la mente desaparezca. Entonces, si te asientas un poco en ti mismo, puedes empezar a sentir lo que hay detrás del yo de la personalidad. Relaja tu corazón y siente que detrás de todo el parloteo de la mente está tu presencia silenciosa de testigo interno. Es paz pura y es tu alma divina, tu yo más elevado. Está eternamente presente. Es la parte de ti que existía antes de entrar en el cuerpo que habitas actualmente, y existirá después de que salgas de ese cuerpo. Es tu testigo interior.

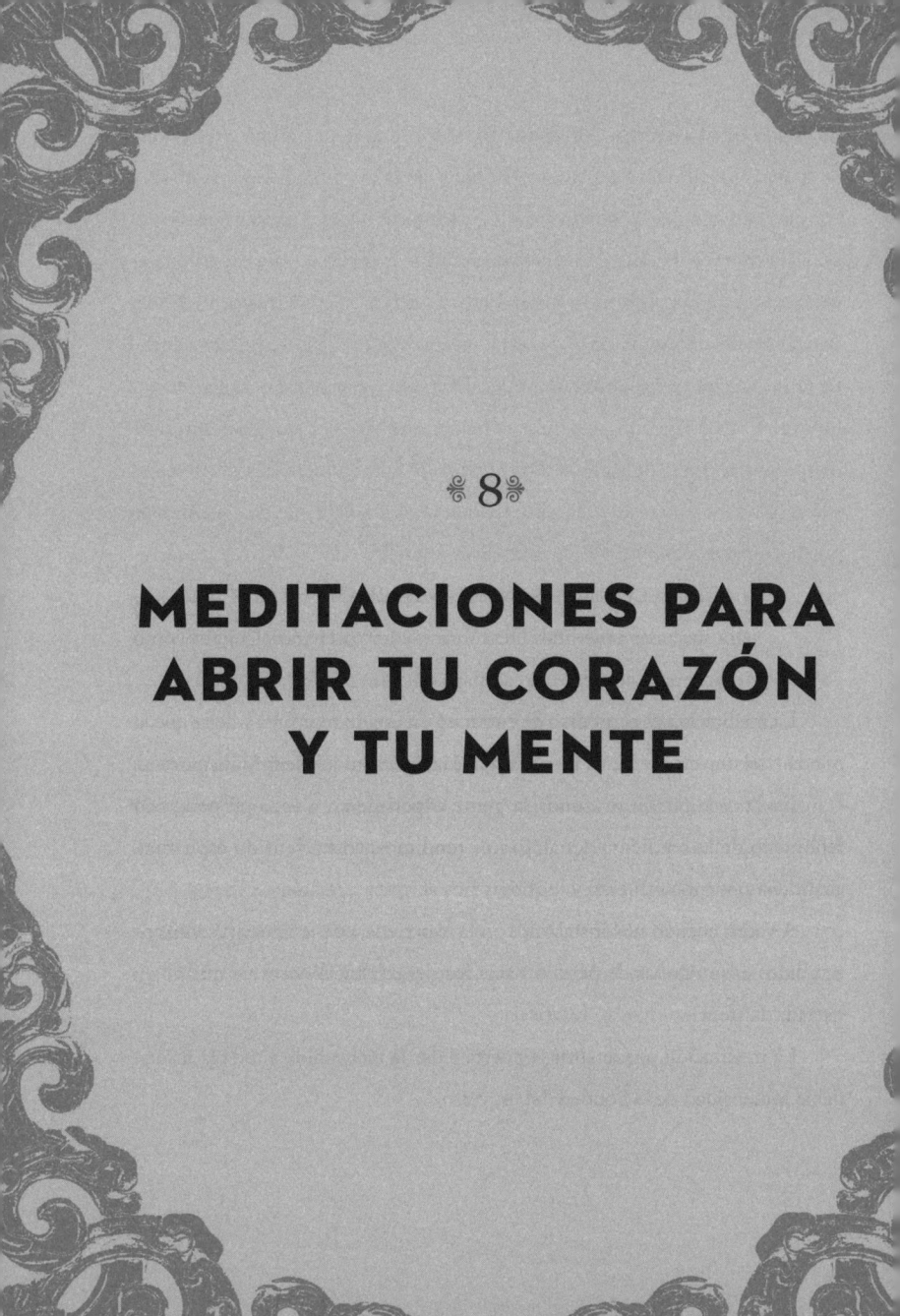

❖ 8 ❖

MEDITACIONES PARA ABRIR TU CORAZÓN Y TU MENTE

E N ESTA SECCIÓN APRENDERÁS HERRAMIENTAS Y TRUCOS para aprender a meditar. Descubrirás cómo preparar el lugar y cómo situarte para conseguir una relajación y un despertar óptimos.

La meditación es el proceso de entrar en un estado receptivo y dejar que la bondad del universo te llene. Es sumergirse en un estanque de infinita quietud.

En la meditación profunda la gente experimenta a veces el poderoso fenómeno de la rendición. Cuando nos rendimos, en un sentido espiritual, abandonamos todo esfuerzo y tensión y nos abrimos a recibir.

A veces, cuando nos instalamos en la experiencia de la entrega, sentimos estallidos espontáneos de perdón hacia los demás, hacia nosotros mismos y hacia la existencia.

La meditación puede abrir la puerta y dar la bienvenida a toda la insondable inmensidad de la bondad del universo.

CREAR UN ESPACIO DE MEDITACIÓN

Puedes meditar en cualquier momento y lugar. No necesitas ningún material ni equipo sofisticado. Todo lo que necesitas son unos minutos y el deseo de aquietar tu mente. En medio de un día ajetreado -después de aparcar el coche, por ejemplo- puedes tomarte sesenta segundos para sentarte en silencio y centrar la mente, antes de empezar la siguiente actividad. Al acostarte para dormir, puedes dedicar unos minutos a meditar en la comodidad de tu cama.

A algunas personas les gusta crear una zona dedicada a la meditación, sobre todo si están empezando con una práctica en serio. Otras tienen una pequeña zona de meditación en un rincón de su dormitorio o incluso una sala de meditación en su casa. Entre las cosas que puedes tener en esta zona se incluyen las siguientes:

UN COJÍN DE MEDITACIÓN que está diseñado para elevar la pelvis unos centímetros y poder así sentarse cómodamente, con las piernas cruzadas.

LOS COJINES ORNAMENTALES pueden ser agradables si te apoyas en la pared, o pueden sustituir a un cojín de meditación.
Siempre es bueno tener a mano mantas para el caso de que tengas frío mientras estás sentado en quietud durante un largo periodo de tiempo.

LAS CAMPANAS pueden tener un efecto de limpieza en el espacio en el que meditas. Puedes utilizar los suaves sonidos creados por estos instrumentos para preparar el lugar donde meditas.

UNA ESTERILLA DE YOGA es útil si quieres meditar tumbado o si vas a combinar la meditación con el yoga.

LOS ACEITES ESENCIALES son una buena forma de cuidarse y preparar el cuerpo para la meditación.

LOS CUENCOS SONOROS DE CRISTAL O BRONCE se utilizan para limpiar armónicamente la energía de los espacios. También se utilizan para armonizar la energía del cuerpo, algo que es una gran cosa para hacer antes, durante o después de meditar.

Es estupendo tener a mano un diario o cuaderno por si se te ocurre alguna idea durante la meditación y también para anotar cualquier experiencia que tengas durante el tiempo que estés meditando.

POSTURAS CORPORALES PARA MEDITAR

Puedes meditar en cualquier postura. La posición más utilizada es la de sentado con las piernas cruzadas. Es un derivado de la postura del loto en yoga. La idea de sentarse con las piernas cruzadas o en la postura del loto es mantener la energía en un circuito cerrado al tocarse las piernas. Eso significa que nada de tu energía o fuerza vital puede escaparse. En esta posición, la gente suele colocar las manos en el regazo en varias posiciones. Una colocación común de las manos es tener ambas manos boca arriba, poner una encima de la otra y luego juntar los dos pulgares suavemente por encima, formando un círculo. Con esto también se pretende crear un circuito cerrado para la energía de tu cuerpo. Esto ayuda a mantener tu energía interna en lugar de que salga de tu cuerpo e interactúe con el mundo que te rodea, porque la meditación es un proceso hacia el interior.

También puedes meditar, durante tu práctica de yoga, en diversas posturas corporales. La gente también realiza meditaciones en movimiento, que colocan el cuerpo en todo tipo de posiciones interesantes. Aprenderemos sobre ellas más adelante en el libro.

Asimismo, es igual de eficaz meditar tumbado. Puedes hacerlo sobre una esterilla de yoga con un cojín bajo las rodillas y una almohada bajo la cabeza. Incluso puedes meditar en la cama.

SELLARSE DESPUÉS DE MEDITAR

A algunas personas les gusta sellar sus campos de energía después de terminar una meditación. Esto ayuda a mantener la buena energía y a no estar demasiado abierto al volver al mundo. No es necesario que lo hagas cada vez que medites. Se recomienda sobre todo si después de la meditación te sientes distraído o menos presente, o si has estado haciendo una de las meditaciones guiadas del capítulo 9 y página 88.

También me gusta utilizar este proceso antes de entrar en lugares concurridos, como aeropuertos y centros comerciales. Esto es especialmente útil para las personas que son muy sensibles a la energía de los demás.

Un ritual esencial antes de dormir es sellar tu ser. A veces somos muy abiertos y, mientras dormimos, necesitamos descansar. Esa apertura puede distraernos y distorsionarse mientras intentamos procesar nuestras emociones subconscientes a través de los sueños. He aquí una forma de acallar la energía exterior y sellar tu espacio:

Di esto en voz alta o internamente: Sello y protejo todos los agujeros de gusano, portales, puertas y aberturas en mis cuerpos físicos y energéticos en todas las dimensiones, interdimensiones y todas las realidades, en lo que sea preciso para mi bien más elevado y el bien más elevado de toda la vida, por todos los tiempos. Soy dueño de mi espacio y solo lo que es de la luz puede entrar en él. Hecho está.

CÓMO MEDITAR OBSERVANDO TUS PENSAMIENTOS

Siéntate en una postura cómoda para meditar y cierra los ojos. Cerrar los ojos ayuda a desconectar de los estímulos visuales del mundo exterior. Intenta sentarte, estar presente y dejar que tu mente se relaje. Inevitablemente, surgirán pensamientos. Es natural que eso ocurra. Cuando surja un pensamiento, puedes imaginar que lo colocas en un tronco y lo dejas fluir por un arroyo rápido pero tranquilo. De manera alternativa, cuando aparezca un pensamiento, puedes dejarlo flotar en una nube esponjosa. Igual que cuando miras al cielo, las nubes pasan de largo; es natural. Lo mismo ocurre con tus pensamientos. Cuando surgen los pensamientos, tan solo hay que observarlos, percibir su existencia y dejarlos flotar río abajo o que se los lleve un viento suave.

Simplemente siéntate en silencio. Permite que tu mente esté clara y en el presente. Cada vez que surja un pensamiento, déjalo flotar. Observa cómo surge y cómo se libera. Esto es observar tus pensamientos. Es un ejercicio maravilloso para conectar con el momento presente. Mientras descansas en el momento presente, puedes sentir, de manera espontánea, que tu consciencia se retrae un poco, y entonces llegarás a experimentar tu propio testigo interior.

CÓMO MEDITAR AL COMPÁS DE LA RESPIRACIÓN

Siéntate en una postura cómoda. Puedes apoyar la espalda en el cojín de un sofá o una silla, o tumbarte si lo necesitas. Cuando pruebes esta meditación por primera vez, a veces quizá te resulte más fácil hacerlo sentado.

Inspira profunda y prolongadamente por la nariz. Siente cómo el aire desciende primero hasta el abdomen y llena esa zona para que se mueva hacia fuera. En esa misma inhalación, siente cómo se llena la parte media de los pulmones (la zona torácica) y luego la parte superior del pecho y la de los pulmones, de modo que la inhalación empiece desde abajo y llene el torso como una bolsa de aire.

Cuando exhales, siente que exprime desde arriba hacia abajo. La espiración debe ser más larga que la inspiración. Intenta exhalar el aire de forma lenta y constante. Puedes exhalar por la nariz si te resulta cómodo o por la boca si lo necesitas.

Esta es una forma muy sencilla de respiración abdominal completa. Empieza a repetir ese ciclo respiratorio. Hazlo durante unos minutos. Luego, dirige tu conciencia a las fosas nasales, a la zona por donde entra el aire, y nota la sensación del aire entrando. Siente cómo entra el aire y lleva tu conciencia hacia abajo y a través de los pulmones, como si viajaras con ese aire. Al exhalar, siente cómo tu conciencia sube por los pulmones y vuelve a salir por las fosas nasales. Arrastra tu conciencia con el aire que entra y sale del cuerpo. En esto consiste el seguir la respiración. Practica este tipo de meditación para despejar tu mente y ayudarte a concentrarte.

Esto también oxigena adecuadamente tu cuerpo. El oxígeno es bueno para la salud.

MEDITACIONES CON MANTRAS

Un mantra es una palabra o sonido que se repite para centrar la mente y ayudar a la concentración durante la meditación. Cuando se medita en un momento en el que la mente suele divagar, se puede repetir un mantra. Esto le da a la mente algo relativamente singular en lo que concentrarse para que no se distraiga.

El sánscrito es la lengua original de la India. Muchos de los mantras habituales que se mencionan en el yoga o en la cultura popular sobre la meditación están en sánscrito. Pero un mantra puede estar en cualquier idioma. También puede ser simplemente un sonido.

La raíz de *mantra* en sánscrito es *manas*, o «la mente de pensamiento lineal», y *tra*, o «cruzar». Se cree que los mantras sustituyen la energía negativa por energía positiva. El sonido es el primer elemento que forma el cuerpo humano, según la tradición metafísica india. El propósito de repetir el mantra es ayudar a tu cerebro a trascender tu mente ocupada. Repitiendo el mantra se puede aumentar la conciencia.

CÓMO MEDITAR UTILIZANDO UN MANTRA

Empieza por ponerte cómodo en la postura de meditación que más te convenga. A continuación, tómate unos minutos para aquietar la mente y seguir la respiración. Después, empieza a repetir suavemente el mantra que elijas. Deja que surja de tu mente divina.

Si tu mente divaga a menudo, repite el mantra con más frecuencia. Utilízalo como herramienta para concentrarte y relajar la mente al mismo tiempo. Puedes hacerlo durante el tiempo que desees. Puedes empezar meditando con un mantra durante diez minutos y llegar a los treinta o más. Cuando sientas que has completado la meditación, deja de repetir el mantra, siéntate unos minutos para que tu energía se reintegre y sigue con tu día.

El mantra que elijas puede tener un efecto poderoso en tu ser. Puedes elegir conscientemente un mantra que se alinee con tu intención. Disfruta de los numerosos beneficios de la meditación para la salud y elige un mantra sencillo como las palabras *amor*, *om* o *sat nam*. Como verás en la lista siguiente, hay muchos mantras que pueden utilizarse para muchos propósitos.

Algunos ejemplos de mantras son:

SAT NAM verdad

OM el primer sonido que hizo el universo

SHANTI MANTRA paz

ONG NAMO GURU DEV NAMO *Me inclino ante la energía creadora del infinito. Me inclino ante el canal divino de la sabiduría.*

RA MA DA SA SAY SO HUNG Mantra que se utiliza para enviar energía curativa a uno mismo y a los demás. La traducción literal es: *Sol, Luna, Tierra, Infinito, Todo lo que es infinito, Yo soy tú.*

OM NAMAH SHIVAYA *Me inclino ante Shiva, la deidad suprema de la transformación que representa el yo más verdadero y elevado.*

SABBE SATTA SUKHI HONTU *Que todos los seres se encuentren bien (felices).*

KARUNA HUM *Soy compasión.*

ANANDA HUM *Soy dichoso.*

EEM HREEM SHREEM *Yo mismo soy la riqueza que deseo.*

Las afirmaciones también pueden utilizarse como mantras. Algunos ejemplos de afirmaciones son:

Yo soy mi yo superior.

Soy luz.

Yo soy la paz.

Soy salud radiante.

Existo gozosamente en el flujo divino de la bondad.

MEDITACIÓN DE BONDAD AMOROSA

Suavidad. Entregar. La devoción a la Madre Tierra y a todos sus seres. La dulzura que sientes cuando un desconocido te sonríe y tú automáticamente le devuelves la sonrisa. O ese latido que sientes cuando presencias un acto verdaderamente desinteresado, ya sea de ti, hacia ti o a tu alrededor. Tal vez sea el simple sentimiento de alivio y compasión que surge con el intercambio de un abrazo. Todos estos elementos son actos de Bondad Amorosa.

La Bondad Amorosa, o *metta*, es una práctica intrínsecamente amable, desinteresada, graciosa y llena de corazón y ternura. Es una práctica que puede transferirse directamente a la meditación. Una meditación basada en la Bondad Amorosa, o *metta*, envía mentalmente intenciones de buena voluntad, amor y benevolencia del practicante al receptor.

Sin embargo, una meditación metta no es lineal, es decir, no es una línea directa de envío y recepción. La clave importante de metta es que el practicante debe cultivar la amabilidad, el amor y la bondad hacia sí mismo antes de aplicarlos a los demás.

Metta no existe sin amor personal por uno mismo. Metta solo puede fundarse en su forma más simpática y auténtica cuando procede de la más humilde y verdadera de las intenciones. El proceso para alcanzar el estado en el que un practicante puede enviar metta suele comenzar con la repetición de una serie de mantras que se centran en establecer un flujo circulante de amor y sentimientos amables. Una vez establecidos estos sentimientos, pueden enviarse mental y energéticamente, y la recepción es pura y tranquila.

Primeros pasos

La palabra *metta* significa *bondad amorosa* en pali. El pali es la lengua del budismo Theravada, que se practica en todo el sudeste asiático, en países como Tailandia, Myanmar, Camboya, Laos, Sri Lanka, Vietnam, Nepal, Bangladesh y partes de China.

Pero los inicios del concepto de metta no se remontan al budismo. Originalmente, la bondad amorosa se conocía con el término sánscrito *maitri* y comenzó a aparecer por primera vez en textos filosóficos y escritos conocidos como los *Upanishads*. Estos textos e ideas filosóficas marcan el final de la era védica del hinduismo, en algún momento entre 800 a. C. y 500 a. C., cuando el hinduismo entró en el Vedanta y también dio a luz a las prácticas espirituales de no-dualidad. Fue en esta misma época -alrededor del 563 a. C.- cuando un hombre llamado Siddhartha Gautama nació en Nepal.

Siddhartha Gautama procedía de una familia y un estilo de vida aristocráticos. Su familia era acaudalada y de sangre real, y Siddhartha podía permitirse muchos de los bienes materiales más refinados de la vida. Su padre, que era rey, protegió a Siddhartha de cualquier tipo de enfermedad o muerte. Tal rey tomó medidas extremas para asegurarse de que Siddhartha nunca tuviera que pasar por privaciones. Pero, como todo lo que se esconde, la verdad acabaría por ser descubierta. Cuenta la historia que, cuando tenía poco más de veinte años,

Siddhartha se encontró con un anciano decrépito en uno de sus viajes a caballo. En una segunda cabalgata se encontró con un enfermo. Luego se topó con un cadáver. Y, por último, encontró a un monje con la cabeza rapada, así como vistiendo una túnica y portando un cuenco, que le mostró una forma de vida retirada del mundo. En esto último, Siddhartha vio la libertad. Apreció que el envejecimiento, la enfermedad, el sufrimiento y la muerte eran algo inevitables. Pero se hizo la siguiente pregunta: «La vida está sujeta a la edad y a la muerte. ¿Dónde está esa parte de la vida en el que no hay ni edad ni muerte?»

Y, con eso, Siddhartha dejó de lado sus riquezas para partir en busca de la iluminación a través de la vida en las soledades, durante seis años. Fue en esas soledades donde Siddhartha se adentró a fondo en la meditación y experimentó un estado de iluminación. Tras compartir lo que había aprendido y comprendido durante su estancia en las soledades, la gente le preguntaba si era un dios, un ángel o un santo. Él respondía que no. Le preguntaban: «Entonces, ¿qué eres?» Él respondía...

«Estoy despierto».

Y así es como Siddhartha Gautama se convirtió en Buda. La raíz sánscrita *budh* significa *despertar* y *conocer*. Dicho en otras palabras, fue un punto de inflexión hacia la no dualidad, que empezó a allanar el camino hacia el budismo desde los cimientos del hinduismo.

Pero, ¿qué es exactamente la no dualidad? La no dualidad, o no dualismo, es el sistema de creencias según el cual todo es uno. Se traduce literalmente como *no dos*. En términos de los sistemas de creencias budistas y vedánticos, la cuestión del no dualismo implica que *Dios/universo* y el *yo* no están separados. Son lo mismo y coexisten en el mismo espacio: una persona es una con cada elemento, con cada uno y con el yo universal. En resumen, las principales enseñanzas de Buda son que toda la vida es *dukkha*, o sufrimiento. Pero en el sufrimiento tienes todo lo que necesitas, todo lo que buscas y también todo lo necesario para acabar con el sufrimiento en tu interior. No existe el pasado, no existe el futuro; solo existe el ahora mismo, en el presente.

El enfoque práctico de Buda para acabar con el sufrimiento -cultivando lo que ya está dentro- conduce al desarrollo de metta. Las enseñanzas de Buda han resistido la prueba del tiempo y, gracias a su enfoque práctico, el budismo se ha convertido en un importante sistema de creencias que abarca gran parte del planeta. Y como el budismo no es excluyente, personas de todas y cada una de las religiones y sistemas de creencias espirituales (incluidos los ateos) pueden practicar e incorporar conceptos e ideas budistas. La idea no es inclinarse ante un dios o deidad mediante rituales. La enseñanza reside en aprovechar lo que hay en tu interior -el universo que anida en tu interior- y compartirlo con todos los demás seres presentes en la Tierra, así como con la Tierra misma.

Por todos lados se habla de compartir y enviar amor. La idea de *metta* también se ha imbricado con la cultura popular. Ahí están famosos como Russell Brand, compartiendo sus resultados positivos de la meditación; o Russell Simmons, construyendo un centro de yoga; Jennifer Aniston, alardeando de los efectos positivos de su práctica de la meditación, y Pharrell Williams, consiguiendo que el mundo entero cante *Clap along if you feel like happiness is the truth*. No se puede negar que metta se ha filtrado en lo más íntimo de nuestro ser. Hay camisetas con frases como *Difunde el amor*, *Abrazos gratis*, *El amor abre el camino*, etc. En las redes sociales y en las comunidades se habla mucho de cómo liderar con amor y superarse, llevando a los demás en el corazón. Incluso en estos tiempos, que son tan confusos, el amor parece seguir estando por encima de todo y sigue siendo el deseo de los seres humanos de todo el mundo y sigue siendo el deseo de la gente de todo el mundo: ser felices y libres.

Cómo practicar Metta / Meditación de la Bondad Amorosa

Ponte cómodo en la postura de meditación que más te guste. Dedica unos minutos a controlar tu respiración. A medida que te hagas consciente de tu respiración, empieza a profundizar en la misma: realiza una inhalación larga, seguida de una exhalación aún más larga. A medida que la respiración se hace más profunda, lleva tu conciencia a lo profundo de tu corazón. Empieza a reconocer cualquier malestar que pueda surgir, como, por ejemplo, bloqueos mentales o autojuicios. Tan solo has de identificarlos y buscar una forma en la que elevarte. Has de saber que eres la personificación de la grandeza y el amor.

Cuando tu evaluación acabe, repítete lo siguiente:

Que me libre del sufrimiento.

Que sea feliz.

Que esté seguro y protegido.

Que viva con alegría y tranquilidad.

Repítelo durante unos dos o tres minutos. Deja que el mantra se integre en lo más interior de tu ser.

Cuando repitas este mantra para tu interior, piensa en alguien, presente en tu vida, que sea desinteresado y encarne la bondad y el amor incondicional. Puede ser un padre, un abuelo, un profesor, un mentor... alguien a quien respetes sin más.

Repite el mismo mantra pero, en este caso, para esta persona:

Que esté libre de sufrimiento.

Que sea feliz.

Que esté seguro y protegido.

Que viva con alegría y tranquilidad.

Repite esto durante unos dos o tres minutos. Luego, de nuevo, deja que se integre en las interioridades de tu ser.

A continuación, pasa a una perspectiva neutra durante otros dos o tres minutos. Esta persona puede ser cualquiera con la que te hayas cruzado, pero por la que no tengas ningún sentimiento concreto o particular. Puede ser alguien del supermercado, de la cafetería o incluso un simple transeúnte por la calle.

La siguiente persona, a la que envíes metta, debe ser una persona con dificultades en tu vida, alguien acerca de la cual quizás tengas sentimientos negativos. Repite el mantra durante otros dos o tres minutos. Esta vez, añade una pequeña modificación al mantra:

En la medida de mis posibilidades, deseo que... no sufra.

En la medida de mis posibilidades, deseo que... sea feliz.

En la medida de mis posibilidades, deseo que... esté segura y protegida.

En la medida de mis posibilidades, deseo... que viva con alegría y tranquilidad.

Y, por último, durante los últimos dos o tres minutos, recoge toda la metta para enviarla a todos los seres. Repite el mantra:

«*Lokha samastah sukhino bhavantu.* Que todos los seres en todas partes sean felices y libres».

Puedes matizar esta práctica seleccionando las subcategorías de personas o animales que desees. Mientras sea cariñoso y amable, eso generará libertad, y será de corazón, amable y entregada y, sobre todo, será sentida.

MEDITACIONES EN MOVIMIENTO

Una meditación en movimiento ayuda a enfocar tu mente mientras integras la energía de la *mente divina* en tu cuerpo físico a través del movimiento. La mente divina es la mente infinita, abarcadora y de alta vibración del universo. Es la esencia de la inteligencia ilimitada en forma de luz blanca pura.

Cuando meditamos mientras nos movemos, somos capaces de conectar con partes variadas y profundas de nosotros mismos. Somos capaces de integrar nuevas energías en nuestro cuerpo a través de los movimientos y la concentración.

Bailando

Para embarcarte en una meditación danzante, elige música que te levante el ánimo. Dependiendo de la naturaleza de la meditación que desees, puedes elegir música instrumental tranquila, música New Age, o cánticos u otros tipos de música que te aporten alegría. Por ejemplo, canciones populares que hablen de la felicidad, la alegría o el amor propio.

Cuando empiece la música, déjate llevar. Puedes elegir un mantra para repetir si tu mente divaga mientras bailas. Podrías elegir uno relacionado con la música que estás escuchando, sobre todo si la música tiene letra y es probable que te encuentres cantando al compás.

El propósito de este tipo de meditación consiste en centrarse en una intención concreta, como por ejemplo experimentar la energía del amor en lo más íntimo de tu ser, y luego integrarla en tu cuerpo. Así, si estás bailando al ritmo de música instrumental, puedes repetir la palabra *amor*, como un mantra, mientras bailas.

Esta última es una danza de estilo libre, así que se trata, en realidad, de dejar que tu cuerpo se mueva y se exprese con el menor pensamiento consciente posible. No se trata de cómo te ves o cómo se ve la danza, sino de las formas y el movimiento del cuerpo, para integrar la energía que pretendes experimentar.

Cuando estés listo para llevar a cabo esta meditación, apaga la música y siéntate en silencio durante unos minutos. Observa las sensaciones de tu cuerpo. Observa si surgen pensamientos o sentimientos. Déjate llevar por unos minutos de meditación tranquila y sigue tu respiración o repite el mantra que estabas utilizando durante la danza. Deja que la energía de la meditación se asiente e integre en tu cuerpo, antes de continuar con tu día.

Mudras

La palabra *mudra* se traduce como «gesto». Los empleos habituales de los mudras incluyen el incorporarlos a los ejercicios de yoga, que tienen sus propios beneficios para la salud, así como para la apertura de los centros de los chakras o la mejora de su funcionamiento. Pueden utilizarse, de este modo, como parte de la meditación, o pueden ser el foco concreto de la meditación. Los mudras se han incorporado, desde hace mucho tiempo, a las danzas tradicionales de la India, que pueden llevarse a cabo como meditación en movimiento.

Los mudras se basan en el concepto de que cada dedo representa un elemento en la filosofía oriental. El pulgar es el fuego, el índice el viento, el corazón el espacio, el anular la tierra y el meñique el agua. Además, cada uno de estos dedos, abundantes en nervios, conecta con una parte distinta del cerebro, que a su vez se corresponde con varias partes del cuerpo.

Todos los mudras funcionan siguiendo ciertos principios básicos. Por ejemplo, cuando el pulgar se toca ligeramente con otro dedo, ese elemento se equilibra. Para potenciar el elemento, hay que dirigir el pulgar hacia la base del dedo. Para aminorar o anular el elemento, el pulgar debe presionar la uña de ese dedo. Por ejemplo, el agua es el elemento que se asocia a menudo con la emoción, la maternidad y el océano, que es una gran fuente de vida. Para equilibrar este principio femenino, toca ligeramente con el pulgar el dedo meñique. Siéntate en una postura de meditación relajada y mantén este gesto con las manos, con el dorso ligeramente apoyado en los muslos. Para potenciarlo, para sentir más, coloca el pulgar en la base del meñique. Para suprimirlo, coloca el pulgar sobre la uña del meñique y mantenlo presionado. Un crítico de los mudras los comparó con utilizar las manos para programar el cerebro del mismo modo que se utiliza un mando a distancia para programar un televisor.

CÓMO MEDITAR CON MUDRAS

Comienza colocándote en una postura de meditación cómoda, la que tú elijas, y dedica unos minutos a seguir tu respiración. A continuación, coloca las manos en cualquiera de los mudras que aparecen a continuación, durante el tiempo que desees. Aprecia cómo sientes la energía de tu cuerpo cuando colocas las manos en estas posiciones. ¿Notas pulsaciones u hormigueos? ¿Sientes un aumento del bienestar o de la resistencia mental? Tan solo obsérvate a ti mismo, y anota cualquier observación en tu diario, si así lo deseas.

Aquí tienes una lista de algunos mudras útiles que puedes probar durante tu práctica de meditación:

GYAN representa la unión de los elementos espacio y aire. Es el mudra que más a menudo se ve emplear a la gente cuando medita. Su finalidad es aumentar la concentración y agudizar la memoria. Para colocar las manos en este mudra, toca con la punta del pulgar la punta del dedo índice, dejando los otros tres dedos relajados y casi estirados.

SHUNI representa la unión del espacio y el fuego. Este mudra utiliza el poder purificador del fuego para equilibrar tus emociones y pensamientos. Cuando tu mente está clara, tu intuición aumenta, y este mudra se utiliza específicamente para mejorar la intuición y la conciencia. También puede potenciar tus sentidos. Para emplear este mudra, coloca la punta del pulgar en contacto con la punta del dedo corazón y deja que los otros tres dedos descansen en una posición casi recta.

SURYA representa la unión del espacio y el agua, pero en realidad se utiliza para aumentar el elemento fuego solar en el cuerpo. Es un mudra de calentamiento. Activa la energía del fuego digestivo y metabólico y calienta esos sistemas, avivándolos. Este mudra puede elevar la temperatura central del cuerpo, y algunas personas lo utilizan para prevenir el resfriado común. Para colocar las manos en posición, para este mudra, dobla los dedos anulares hacia las palmas y coloca las puntas de los pulgares sobre los nudillos exteriores de los dedos anulares. Deja que los otros tres dedos descansen en una posición relativamente recta.

PRANA representa la unión de los elementos espacio y agua. Este mudra despierta la energía divina en tu interior. Hace aflorar cualquier energía espiritual latente para que puedas sentirla de una forma más magnificada y cohesionada. Une el espíritu y la divinidad con la emoción humana y simboliza la idea de existir como un ser espiritual en un cuerpo. Para colocar las manos en este mudra, junta las puntas de los pulgares con las de los dedos anular y meñique, dejando los dos dedos restantes relajados y relativamente rectos.

HAKINI representa la suave unión de los cinco elementos. Se utiliza para lograr el bienestar espiritual y emocional. Las manos se colocan en esta posición tocando con las yemas de los dedos de la mano derecha el mismo dedo de la mano izquierda. Se trata de un mudra equilibrador y armonizador.

KUBERA representa la unión de todos los elementos y el fortalecimiento de la materia y/o el pensamiento. Kubera es una deidad hindú de la riqueza. Este mudra es especialmente útil para ayudarte a manifestar algo en concreto. La gente aplica este mudra, a veces, durante la vida cotidiana, cuando intenta encontrar u obtener algo, como por ejemplo una plaza de aparcamiento o las cortinas del tamaño y color adecuados. Para utilizarlo de manera práctica, proyecta con la imaginación tu deseo u objetivo en tu mente y haz una descripción verbal muy clara del mismo. Pide que tu deseo sea solo para conseguir el bien más elevado. Cuando expreses tu deseo o meta en palabras, hazlo con afirmaciones, como por ejemplo: "Encuentro fácilmente el nuevo trabajo perfecto y me encanta trabajar allí. Gano al menos [cantidad en euros] y tengo una relación armoniosa y alegre con todos mis compañeros de trabajo". Y, a continuación, lleva las manos al mudra Kubera. Este mudra también abre los senos frontales y ayuda a descongestionarlos. Coloca las manos, formando este mudra, al juntar las puntas de los dedos pulgar, índice y corazón. A continuación, doble los dedos anular y meñique hacia las palmas, de modo que entren en contacto con el centro de la mano.

Meditación caminando

Las meditaciones caminando son populares desde hace cientos de años. El acto físico de caminar nos proporciona un movimiento rítmico encantador en el que podemos concentrarnos. Durante la meditación caminando nos concentramos en cada paso que damos. Durante una meditación caminando, pasamos el tiempo estando presentes en lo que nos rodea.

Este tipo de meditación nos da la oportunidad de practicar la atención plena y caminar es una forma maravillosa de desarrollar tal habilidad. No solo podemos llevar a cabo un poco de ejercicio ligero y respirar aire fresco, sino que también podemos practicar la habilidad, alegre y sanadora, de la atención plena.

CÓMO PRACTICAR LA MEDITACIÓN CAMINANDO

Vístete con prendas cómodas y elige un camino al aire libre por el que te sientas seguro. Si no es posible, también puedes practicar una meditación caminando en tu casa o en cualquier espacio interior.

Cuando empieces a caminar, centra tu atención en las plantas de los pies. Siente que te sitúas en el espacio entre el suelo y la planta de tus pies, y déjate llevar por el ritmo de tus pasos. Deja que esa sensación impregne tus sentidos y que tu mente se aquiete.

Puedes caminar muy despacio o muy deprisa. Cualquiera de las dos velocidades es una magnífica oportunidad para practicar la atención plena. Acto seguido, dirige tu atención hacia arriba y observa el mundo que te rodea. Si estás en casa, fíjate en dónde estás y en lo que ves; si estás fuera, echa un vistazo a tu alrededor, escucha los sonidos, percibe los aromas y siente el aire en tu cuerpo y en tu piel.

El propósito de la meditación caminando es ser consciente de lo que ocurre mientras caminas y estar presente solo en eso.

Como en cualquier otra meditación, si tu mente empieza a divagar, tráela de vuelta sin sobresaltos. Practica estar presente mientras caminas.

Una meditación caminando simboliza el estar presente mientras avanzas por la vida. Es un símbolo de llevar la atención plena al tiempo lineal, que es llevar el espíritu al cuerpo. Es atravesar la dualidad con gracia y atención.

9

MEDITACIONES GUIADAS CON VISUALIZACIÓN

LAS VISUALIZACIONES GUIADAS SON MEDITACIONES estructuradas, creadas con un propósito específico. Para practicar las visualizaciones guiadas que contiene este libro, puedes empezar por entrar en un estado meditativo y atender a tu respiración. A continuación, puedes seguir las instrucciones de cada sección para realizar la meditación guiada que desees.

MEDITACIÓN GUIADA PARA EL PERDÓN

El acto de perdonar puede parecernos algo enorme a veces. Sin embargo, perdonar es tan solo un acto de dejarse ir. Es liberarnos de nuestro apego a la ira, la tristeza o el resentimiento que podamos sentir hacia algo o alguien (incluido uno mismo). Piensa en perdonar como un sencillo acto de relajación. A partir de la relajación se producirá la liberación. Y de la liberación puede surgir espontáneamente la experiencia espiritual de la entrega. Perdonar no tiene tanto que ver con intentar perdonar o llevar a cabo una acción para perdonar y sí más con ser receptivo a dejar ir aquello que ya no nos sirve.

Ponte cómodo y disponte para esta meditación sobre el perdón. Dedica unos minutos a seguir tu respiración. Observa cómo entra y sale de tu cuerpo. Ahora, centra tu atención en el entrecejo, en el centro de la frente. Esto se conoce como el sexto chakra o del tercer ojo.

Repítete la palabra *perdón* mientras mantienes la atención centrada en el centro de tu frente. Imagina la palabra *perdón* y fíjate en el color del texto.

Sigue tu respiración un poco más y deja que tu cuerpo se relaje. Afirma lo siguiente, sea internamente o en voz alta: «Ahora me libero de mi apego a todo lo que no me sirve. Me invito a relajarme en los brazos amorosos de un universo benevolente».

Sigue respirando un poco más y, ahora, imagina de nuevo la palabra *perdón*, concentrándote en el centro de tu frente y pronunciando la palabra en voz alta. Observa el color del texto. Si es un color oscuro, invítalo a convertirse en un color pastel o blanco. Para ello, háblale, ya sea mentalmente o en voz alta. Podrías decir algo como: «*Queridas letras, os invito a que os convirtáis en algo de un color más claro, más pastel, o incluso blanco si eso os diera alegría*».

A continuación, sigue tu respiración un poco más y luego afirma lo siguiente, internamente o en voz alta: «*Me amo, acepto y perdono a mí mismo y/o a _____ y elijo una vida de liberación. Hecho está*».

Ahora pasa el tiempo que quieras en una meditación relajante siguiendo tu respiración. Puedes optar por utilizar un mantra, si se te ocurre alguno. Has asentado ya tu intención de perdón y ahora, mientras meditas en los próximos días, semanas, meses e incluso años, estarás alineándote con esa intención, para tu mayor beneficio.

MEDITACIÓN GUIADA PARA LA PROTECCIÓN ESPIRITUAL

La protección espiritual es polifacética. Significa proteger y moderar los flujos interminables de energía que te llegan a diario. Es posible que hayas oído hablar de la idea de la persona altamente sensible que se comparte en el libro *The Highly Sensitive Person: How to Thrive When the World Overwhelms You*[1] de la Dra. Elaine N. Aron. Muchas personas con inclinaciones espirituales son muy sensibles simplemente por haber desarrollado sus sentidos más sutiles a través de actividades como la meditación, el tai chi, los viajes chamánicos y otras actividades de la Nueva Era. La protección espiritual te ayuda a mantenerte separado de la energía de otras personas, tal como es necesario para tu bienestar más elevado. Contémplalo de esta forma: Cada uno de nosotros es un enchufe, y si nos conectamos a cada enchufe que encontramos cada segundo de nuestras vidas, nuestros enchufes se pueden quemar, pues es demasiada energía. Poner una protección espiritual consciente a tu alrededor es como instalar una pantalla semipermeable; deja entrar la energía positiva y filtra cualquier energía negativa.

Un ser espiritual -no religioso- que puede ser de gran ayuda con la protección espiritual es el arcángel Miguel. Este ser se dedica a ayudar a los seres humanos a sentirse seguros y a guiarnos para que experimentemos vidas felices y positivas. Realizar una invocación al arcángel Miguel es útil para protegernos y sentirnos más seguros a lo largo de la vida cotidiana, mientras dormimos, en multitudes o en situaciones desafiantes. Repítela en voz alta o internamente y siente cómo los átomos que le rodean se impregnan de la presencia amorosa del

---

[1]   La persona altamente sensible: cómo prosperar cuando el mundo te abruma (*N. del T.*).

Arcángel Miguel. Es ideal para recitarlo antes de acostarse, y puede colgarlo en la pared o en la mesilla de noche como recordatorio tranquilizador.

Empieza por entrar en una meditación ligera y seguir tu respiración. Cuando estés preparado, pronuncia las siguientes palabras en voz alta:

Arcángel Miguel ante mí.

Arcángel Miguel detrás de mí.

Arcángel Miguel a mi izquierda.

Arcángel Miguel a mi derecha.

Arcángel Miguel sobre mí.

Arcángel Miguel debajo de mí.

El Arcángel Miguel está aquí en la Tierra.

Soy amor, protegido.

Soy amor, protegido.

Soy amor, protegido.

Hecho está.

Siéntate en silencio unos instantes y observa cómo te sientes. ¿Sientes algo en el cuerpo? ¿Ves algún color, oyes algún sonido u olfateas algún aroma? ¿Tienes la sensación de ver al arcángel Miguel?

Sigue tu respiración un poco más y, cuando estés preparado, vuelve a la actividad diaria.

MEDITACIÓN GUIADA PARA LA PROSPERIDAD

Una vida próspera es abundante en todo lo que puedas necesitar o desear: felicidad, amor, relaciones positivas, dinero, realización, creatividad, éxito. Cuando somos prósperos, estamos floreciendo. Estamos sanos, felices, seguros y totalmente provistos de todo lo que necesitamos o deseamos. Cuando combinamos la idea de prosperidad con la intención de nuestro mayor bien y el mayor bien de toda la vida, creamos verdadera riqueza.

En esta meditación recurriremos a la ayuda de algunas deidades conocidas por contribuir a crear una vida próspera. Deméter es una diosa griega sobre la que se creía que traía abundantes cosechas y un año próspero. Lakshmi es una diosa hindú de la buena fortuna. Estos seres no físicos pueden ayudarte a alinearte con una energía de frecuencia superior para aumentar la positividad y la prosperidad en tu vida a través de la meditación.

Ponte cómodo y dedica unos minutos a seguir tu respiración. Cuando estés preparado, empieza a utilizar el siguiente mantra afirmativo y medita concentrándote en él durante varios minutos: *«Acepto con gratitud la prosperidad que fluye fácilmente hacia mí cada día, en todos los sentidos».*

A continuación, pide ayuda a nuestros ayudantes para la prosperidad, Deméter y Lakshmi. Di lo siguiente en voz alta: *«Abro mi corazón de par en par y digo sí a una vida alegre y abundante. Doy la bienvenida a la presencia de Deméter y Lakshmi, y agradezco su ayuda. Por favor, ayudadme a alinearme con todo lo que es para mí bien más elevado. Por favor, ayudadme a estar abierta a recibir la abundante prosperidad que me rodea, y a continuar amplificando la frecuencia de la abundancia en mi vida. Muchas gracias».*

Ahora siéntate en meditación y sigue tu respiración, y permítete conectar aún más con Deméter y Lakshmi. Anota en tu diario cualquier experiencia o percepción. Y recuerda que la gratitud es la clave de la prosperidad. Puedes comprometerte a escribir al menos diez cosas por las que te sientas agradecido cada noche antes de acostarte. Si lo haces durante al menos veintiún días, reconducirás tu vida en la dirección de la gratitud y, por tanto, de la prosperidad.

MEDITACIÓN GUIADA PARA LA ALEGRÍA

La meditación, en su forma más simple, puede ser algo relativamente neutral, lo cual es extremadamente valioso. Por eso nos ayuda a liberarnos de nuestros apegos. Al ser tan neutral, no está apegada a nada, sino que simplemente está presente. Esa es la esencia de vivir con atención plena: estar completamente presente en cada momento. Pero uno de los increíbles regalos que nos da la meditación consiste en papel relativamente en blanco sobre el que, a través de una elección consciente, podamos añadir un cierto matiz. Lo que hacemos en estas meditaciones guiadas es añadir un matiz para nuestro bien más elevado. Lo hacemos con la intención de mejorar nuestras vidas, porque también somos seres humanos y el acto de vivir implica experimentar este mundo con sus altibajos. Mientras trabajamos para liberarnos de nuestros apegos a los altibajos y de si nos gustan más o menos, debemos reconocer que existimos en este mundo dual. Somos espíritus o almas que encarnan un vehículo físico en un mundo físico. Entonces, ¿por qué no combinar las técnicas para vivir una vida consciente con las otras técnicas para vivir una vida consciente e intencionada? Esa es la esencia de la meditación guiada.

La alegría es la vibración más alta que existe. La alegría es una especie de electricidad. Imagínatelo. ¿Cómo sería si la electricidad que alimenta tus bombillas estuviera alimentada por la alegría? ¿Cómo imaginas que sería la iluminación de la habitación? La siguiente meditación nos ayuda a integrar la energía de la alegría en nuestro cuerpo.

Empieza siguiendo tu respiración y poniéndote cómodo durante unos minutos. Esta meditación se realiza mejor tumbado.

Visualiza una bola de luz dorada ante ti. Di la palabra *sí* en voz alta a esta bola tres veces, y dile a la bola que es alegría, también tres veces.

Pide a esta bola que se expanda y abarque toda la habitación en la que te encuentras y, si quieres, toda tu casa y tu jardín. Puedes hacerlo dondequiera que estés, incluso en una cafetería.

Pon tu atención en tu cuerpo físico. Siente cada nervio, desde la punta de los dedos de manos y pies hasta las articulaciones y la parte superior de la cabeza. Siente cómo late todo tu cuerpo físico. Observa su forma.

Invoca el poder supremo diciendo en voz alta: «*Invoco a todas las partículas de resonancia magnética del universo que aman la alegría. ¡Guau! Estoy a punto de organizar la mejor fiesta de la alegría que jamás hayas visto. Por favor, ayúdame. Esta fiesta es en mi [área seleccionada]. Que todo el mundo se reúna allí en cinco... cuatro... tres... dos... ¡uno!*».

Aplaude enérgicamente tres veces (creando así un cambio de paradigma). Observa y siente cómo la totalidad de la bola de la alegría se condensa en tu cuerpo físico, llenándolo por completo.

Ahora, canta o tararea en voz alta. Inventa las canciones y los sonidos más alegres. Deja que broten espontáneamente de ti. Si no es así, finge hasta que lo consigas.

Cuando hayas cantado y hecho sonar tu corazón, entonces, baja un poco el tono vocal, pero mantén el sentimiento de alegría y deja que se convierta en una alegría pacífica. Siente cómo las partículas de alegría que hay en tu interior empiezan a balancearse al unísono, como si se cogieran de la mano a la luz de las velas en comunión pacífica, tarareando por la paz, honrando la alegría.

Si puedes, descansa al menos treinta minutos y siéntete en el centro de un círculo de múltiples capas de partículas zumbantes y oscilantes. Duérmete si puedes.

Sentirás cuándo la meditación esté completa. La alegría y la curación permanecerán para siempre.

Utiliza este proceso tantas veces como desees y deja siempre que transcurra el periodo de descanso posterior para obtener unos óptimos resultados.

MEDITACIÓN GUIADA PARA LIBERARNOS DE LA *DENSIDAD*

A lo largo de nuestra vida podemos experimentar altibajos. Habrá decepciones y alegrías. Lo ideal sería que pudiéramos vivir estas experiencias y dejarlas pasar sin apegarnos a ellas. Pero somos seres humanos que vivimos en la dualidad y estamos programados para apegarnos. Las sustancias bioquímicas de nuestro cuerpo y la forma en que nuestro cerebro humano funciona con esas sustancias químicas hacen que estemos literalmente predispuestos a apegarnos, independientemente de que sintamos que algo es positivo o negativo.

A veces, cuando algo es negativo, nos apegamos a algún aspecto de la experiencia o de la energía en cuestión y lo almacenamos en el cuerpo como una densidad. La densidad es simplemente una bolsa de energía más densa. Idealmente, queremos que nuestra energía sea altamente vibracional y llena de luz. Las densidades pueden hundirnos. La alta vibración puede elevarnos y ayudarnos a sentirnos alegres y realizados.

En esta meditación guiada dejaremos ir la densidad. Soltaremos parte de nuestro pesado equipaje energético. La deidad hindú Ganesha es conocida como un removedor de obstáculos y es el ser perfecto para ayudarnos a soltar nuestra densidad.

Ponte cómodo y sigue tu respiración durante unos minutos. A continuación, lleva tu conciencia al centro del abdomen, justo debajo del ombligo.

Puedes colocar una mano sobre esa zona. Mucha gente lleva densidad en ese lugar. Y consumir alcohol puede atraer densidad hacia tu segundo chakra, que se encuentra justo ahí.

Respira con la zona del ombligo. Deja que tu mente se aquiete.

Di lo siguiente internamente o en voz alta: «*Permito que cualquier densidad en mi cuerpo caiga fácilmente al exterior de mi campo energético y baje a la Tierra de inmediato. Agradezco a la Tierra por reciclar cualquier densidad, que yo libero de vuelta a la luz blanca pura*».

Sigue tu respiración durante unos minutos más mientras estás atento cualquier sensación y a cómo te sientes.

Cuando estés preparado, di lo siguiente en voz alta: «*Invoco a Ganesha, supresor de obstáculos, para que me ayude a limpiar cualquier densidad de mi cuerpo y me llene de luz blanca. También doy la bienvenida a la ayuda de Ganesha con cualquier otra cosa que sea para mi bien más elevado. Por favor, ayúdame a elevar mi vida*».

Visualiza una corriente interminable de luz blanca pura, como un grifo abierto sobre ti, derramándose sobre ti y a través de ti. Esta corriente de luz blanca te rodea en un radio de un metro. La luz blanca fluye a través de ti y dentro de ti, a través de cada célula de tu cuerpo. Te lava. Este grifo está bombeando luz blanca a través de tu cuerpo, enjuagándote y simultáneamente llenándote de luz blanca. Este grifo es una fuente inagotable de luz blanca. Puede funcionar eternamente.

Cuando lo sientas completo, sigue tu respiración durante unos minutos y luego vuelve a tomar conciencia de la habitación. Anota todo lo que experimentes en tu diario.

MEDITACIÓN GUIADA
PARA ABRIR TU CORAZÓN

Al hablar de la idea del *testigo interior* -la parte eternamente tranquila e infinita de uno mismo-, es posible que no sospeches que el siguiente paso lógico consiste en una conversación sobre tener el corazón abierto. El testigo interior es, de hecho, una parte importante de tener un centro emocional abierto y expansivo. En meditación, ese es el significado detrás del término «un corazón abierto». Tener el corazón abierto significa, obviamente, no cerrar el corazón, y eso suena fácil, ¿verdad? Bueno, en realidad es bastante difícil de mantener.

Todos los días pasamos por experiencias que pueden llevarnos a cerrar el corazón. Nos sentimos cohibidos, o dudamos de nosotros mismos. Alguien se enfada con nosotros, o nosotros nos enfadamos con nosotros mismos por una decisión que hemos tomado. Somos humanos y, por definición, eso significa que no somos perfectos. Somos únicos, extravagantes, y tenemos debilidades y fortalezas. Y somos diversos. La situación que hiere mis sentimientos y me hace sentir ganas de llorar puede hacer que otra persona se enfade de verdad y quiera liarse a puñetazos, e incluso puede que a otra persona ni siquiera le afecte. Como raza humana, nuestra diversidad puede ser nuestra fuerza.

Todos podemos encontrar crecimiento y realización espiritual y, en última instancia, experimentar menos sufrimiento en el empeño por mantener un corazón abierto. Nuestro cuerpo emocional es como un campo de energía que fluye y se mueve de manera constante. La energía se mueve alrededor y a través del cuerpo y está anclada en el centro del pecho, eso que algunas personas llaman el chakra del corazón. Es uno de los principales centros emocionales. Es un lugar por el que la energía emocional entra y sale del cuerpo.

Cuando nos sentimos heridos o menospreciados, esa zona a veces se contrae. Pero, ¿y si somos capaces de mantenerla abierta y expansiva todo el tiempo? En el libro *The Untethered Soul: The Journey Beyond Yourself*, Michael A. Singer habla del concepto de «samskaras». Los samskaras son las impresiones de energía almacenada que quedan cuando cerramos el corazón en lugar de mantenerlo abierto. Si permitimos que una experiencia -buena o mala- simplemente pase por el cuerpo en lugar de aferrarnos a ella o tenerle aversión, que es lo que cierra el corazón, y en su lugar mantenemos el corazón abierto, entonces, no creamos un samskara.

¡A practicar!

Siéntate o túmbate en un lugar cómodo, donde no te molesten durante unos quince o veinte minutos. Busca una postura relajada y sigue tu respiración durante unos minutos. Deja que tu mente se calme.

Ahora, lleva tu atención al centro de tu pecho. Observa cómo se siente. ¿Se siente abierto y expansivo? ¿Se siente parcialmente constreñido? Puedes llevar las manos hacia arriba para masajear la zona físicamente; utiliza un movimiento de arrastre por la piel, como si llevaras las manos hacia un lado y abrieras el pecho. Visualiza la apertura, la relajación y la expansión y piensa en la sensación de amor. Si deseas utilizar un aceite esencial, puede mezclar un aceite esencial de rosa con un aceite portador y, a continuación, frotar la zona con una pequeña cantidad e inhalar el aroma. (Asegúrate de aplicar el aceite en una pequeña porción de piel para comprobar si se produce alguna reacción adversa, antes de aplicarlo generosamente).

Si sientes el centro del corazón especialmente contraído, puede utilizar aceite de eucalipto (mezclado con un aceite portador). Esto aportará energía vigorizante a la zona. A veces, cuando la zona ha estado constreñida durante demasiado tiempo, se vuelve letárgica o se apaga. En ese caso, hay que despertarla, pero suavemente, para no agitar demasiados samskaras a la vez. Lo ideal es emprender un proceso suave de curación del corazón que mejore tu vida y no la perturbe. Tómate tu tiempo. No hay prisa.

En posición relajada, sigue respirando. Respira en el centro del pecho y siente cómo se expande al inhalar. Todo lo que no sea amor o luz será fácilmente exhalado y liberado. Respira cada vez más profundamente. Cuando alcances un estado de relajación, cierra los ojos y continúa respirando. Déjate llevar por la sensación. Permanece simplemente abierto. Deja que cualquier emoción positiva o negativa, recuerdo, color, sonido o sensación pase a través de ti. No te aferres a ellos ni intentes observarlos mientras pasan.

Realiza esta respiración cardíaca durante todo el tiempo que desees. Puedes seguir masajeándote el pecho según lo necesites. Sigue abriendo y relajando el corazón. Relaja el cuello. Relaja los hombros, los brazos y las manos, sintiendo cómo esa relajación, basada en el corazón, se extiende por todo el cuerpo.

Cuando sientas haberte completado, puedes volver a centrar lentamente tu atención en la habitación. Frótate enérgicamente los brazos y las piernas. Asegúrate de que te sientes plenamente presente. Si lo deseas, puedes repetir las palabras «Estoy aquí», una y otra vez.

Después de completar este ejercicio, es una gran idea beber agua limpia con una pequeña pizca de sal hawaiana o del Himalaya sin procesar. La sal marina celta también funciona de maravilla. Esto ayuda a eliminar cualquier toxina que se haya liberado durante la meditación. Cuando te deshaces de la toxicidad emocional, el cuerpo responde liberando toxicidad física de las zonas de almacenamiento en las células grasas del cuerpo. Así que es importante eliminarla.

También te aconsejo que, después, hagas algo de ejercicio físico enérgico. Si solo tienes unos minutos, haz una serie de treinta saltos de tijera, o cualquier cosa que te ayude a sudar y a empezar a mover energía. Cuando meditas para abrir tu corazón y limpiarlo, también realizas una poderosa desintoxicación física.

MEDITACIÓN GUIADA PARA UNA VIDA COMPASIVA

Creo que la compasión es la clave de nuestra evolución como especie. Al poner la atención en lo que es ponerse en la piel de otro, salimos de nosotros mismos y entramos en una comunidad interminable. La población mundial actual supera los siete mil millones de habitantes y crece con rapidez. Para dar cabida a todos estos seres, necesitamos un nuevo modelo de vida, y creo que ese modelo se centra en la compasión. Si meditamos sobre este nuevo modelo de compasión, podemos materializarlo. En el proceso de convertirnos en seres conscientes, al final volvemos una y otra vez a las ideas de compasión, cuidado y empatía.

En esta meditación guiada te presentaré a un ser no físico poderoso y benévolo que puede ayudarnos a conectar con la energía de la compasión de un modo más profundo. Su nombre es Quan Yin (también Kwan Yin o Guan Yin). Es la diosa budista de la misericordia y, a lo largo de la historia y la mitología, ha estado presente en muchas historias. En esta meditación guiada, se unirá a nosotros como un ser no físico que cuida y ama a toda la humanidad. Ella ofrece su ayuda para encontrar las semillas profundas de la compasión en nuestro interior y ayudarlas a florecer en un brote que finalmente se abrirá en pétalos de luz y otorgará bendiciones a todos los que nos encontremos.

Siéntate, relájate y empieza a seguir tu respiración. Asegúrate de sentirte cómodo. Si tienes cuarzo rosa por ahí, puedes sostenerlo en la mano o tenerlo cerca. Si tienes ropa color rosa pálido, puedes ponértela, o si tienes una manta o una almohada rosa pálido, puedes sentarte con ella. Ese será el color de enfoque para esta meditación de compasión.

Dedica unos minutos a seguir tu respiración. Permítete relajarte cada vez más profundamente. Cuando estés preparado, coloca la punta de la lengua contra el paladar, justo detrás de los dos dientes frontales. Este gesto unifica los dos hemisferios del cerebro y maximiza tu potencial cognitivo para ese momento.

Mientras te sientas con la lengua detrás de los dientes delanteros, enfoca tu atención desde el centro de tu frente. Visualiza una luz rosa pálido saliendo de tu cerebro, bañando el área frente a ti en una luz rosa pálido. Imagina que estás mirando una lámina de luz fluida e infinita, y enfócate en el punto central de esa lámina, justo delante de ti.

Retira la lengua del lugar situado detrás de los dientes y repite el siguiente mantra en silencio en tu mente: *Om Mani Padme Hum*. Este mantra significa: «salve a la joya en el centro del loto». Es simbólico de la joya de la compasión dentro de tu centro del corazón y se utiliza para invocar las bendiciones de Quan Yin, para ti y para el mundo.

Repite el mantra y concéntrate en el color rosa pálido. Permítete experimentar una profunda relajación y una sensación de apertura. Cuando eliges la compasión, sientes la interconexión de toda la vida en el universo. Y, cuando invitas a Quan Yin a tu vida, las puertas se abren y las cosas siempre mejoran. Quan Yin también nos ayuda con actos espontáneos a despojarnos de la ilusión de la dualidad y de la ilusión del karma, para que podamos salir del ciclo repetitivo de la encarnación y entrar en la elección consciente.

Mientras repites el mantra, siente que Quan Yin se encuentra de pie ante ti. Puedes extender las manos con las palmas hacia arriba y, asintiendo con la cabeza, invitarla a posar sus manos espirituales sobre tus manos físicas. Puedes dejar de repetir el mantra y permitirte simplemente concentrarte en la sensación de sus manos espirituales flotando sobre tus manos físicas. Siente el intercambio de energía. Puedes presentarte y decir: «*Hola, me llamo...*». Escucha la respuesta. Puede llegar en forma de pulsaciones en las manos o una sensación de hormigueo de frío o calor. Puedes oler o sentir algo. Puedes ver un color o una imagen. Puedes oír un tintineo de campanas. O puede que simplemente sepas que ella está ahí.

Pregúntale cualquier duda que tengas o pídele ayuda con cualquier cosa. Y luego pregúntale si hay algo en lo que puedas ayudarla. Siéntate en comunión y comunicación durante el tiempo que desees. Agradece a Quan Yin su presencia y su guía.

Cuando sientas que la meditación se ha completado, la sentirás dar un paso atrás o, si la experiencia se vuelve demasiado abrumadora o te fatigas, puedes decir: «*Muchas gracias. Continuemos más tarde*». Siente cómo retrocede. Luego di en voz alta: «*Ahora, me desconecto de Quan Yin y de todos los que participan en esta meditación, según sea necesario para mi bien más elevado. Estoy sellado y protegido en todas las dimensiones, todas las interdimensiones y todas las realidades según sea necesario para mi bienestar más elevado*».

Cuando abras los ojos, tómate unos instantes para volver a conectar con tu entorno. Bebe mucha agua. Aplaude, zapatea y haz cosas que te aseguren que te sientes presente en tu cuerpo antes de seguir con tu día.

MEDITACIÓN GUIADA PARA ESTAR PRESENTE CON TODOS LOS SENTIDOS

¿Cómo sentirse realmente presente? Esta pregunta se la hace gente de todas las clases sociales, de todas las edades y de todas las formas posibles: «¿Cómo puedo sentirme más vivo?».

Empieza de forma sencilla. Con las palmas de las manos, empieza por las plantas de los pies y frótate enérgicamente, subiendo por las piernas y el cuerpo, al tiempo que repites en voz alta o mentalmente: *«Ahora estoy aquí. Estoy presente»*. Y siente cómo es estar plenamente en tu cuerpo. Lleva tu conciencia a esa experiencia.

Ahora, intenta llevar tu conciencia a tus pies, habítalos de verdad. Haz lo mismo con los pies y las piernas. Mantente presente en los pies y sube por el torso, llevando tu conciencia hasta la punta de los dedos. Continúa con esta toma de conciencia desde los pies hasta la parte superior de la cabeza y por todo el cuerpo. ¿Puedes sentir todo el cuerpo al mismo tiempo? Puede que sientas esta conciencia como un latido o un hormigueo.

Piensa en lo que pasaría si entraras en ese lugar profundamente presente y luego exploraras su aspecto sensorial, ya sea en solitario o con una pareja cariñosa en el mismo estado de conciencia. ¿Sería todo más rico e intenso? ¿Experimentarías las sensaciones y el placer de una forma nueva? ¿Tu alma se sentiría alimentada al saber que estás viendo tu sacralidad y, si se trata de una pareja, que él o ella también lo está? Pruébalo y descúbrelo.

¿Qué se sentiría al estar presente mientras se experimenta un glorioso placer sensorial?

Escribe en tu diario al menos veinte placeres sensoriales. Algunas ideas son: baños de burbujas; comer conos de nieve frescos y sabrosos; el tacto de las sábanas limpias y suaves durante una siesta de media tarde bañada por el sol.

Cuando hayas terminado, haz la siguiente afirmación en voz alta: *«Soy un ser sensual de luz. Estoy plenamente presente en mi cuerpo y lleno de dicha».*

Experimenta al menos uno de estos placeres sensuales al día durante los próximos veinte días. Tu vida será tanto más placentera que probablemente querrás hacer otra lista y experimentar aún más placer, para despertar tus sentidos cada día. Aprende a ser consciente de la dicha que siempre fluye en tu corazón y en tu alma estando presente en tus sentidos.

MEDITACIÓN DE ENRAIZAMIENTO PARA LA SALUD

A lo largo de los años, he aprendido a controlar mi nivel de conexión a tierra en cada momento. El término enraizamiento se refiere a cuán presente que estás en tu cuerpo físico y lo conectado que estás a la Tierra bajo tus pies. Me he dado cuenta de que, cuanto más enraizada y conectada a la Tierra estoy, mejor me siento física y emocionalmente. Si me siento bien enraizada, mi mente está más clara y menos desordenada y veo mi vida como algo manejable y positivo. Cuando no estoy bien conectada a la Tierra, me cuesta concentrarme y me siento distante y no presente en el momento. Es importante estar bien conectado a tierra, para que puedas integrar plenamente lo que aprendes en tu cuerpo físico, donde puede mejorar tu salud.

El enraizamiento mejora estando al aire libre y en contacto físico con la Tierra. Puedes hacerlo cultivando un huerto, paseando por la playa con los pies descalzos, caminando por el bosque, rastrillando hojas, quitando nieve, descansando bajo un árbol y echándote una siesta, o incluso respirando el aire fresco de la mañana en el porche antes de empezar el día. Sal al aire libre; come alimentos saludables y sobre todo de origen vivo (plantas crudas o poco cocidas, frutos secos, arroz integral, cereales, etc.); bebe mucha agua -toda el agua potable ha estado dentro de la Tierra en algún momento-; y haz mucho ejercicio y actividades al aire libre. Respirar lenta, profunda y profundamente también puede ayudarte a sentirte más presente y enraizado.

Estar bien enraizado es estar completamente, totalmente presente en el momento. El momento presente, ahora mismo, es todo lo que existe. Ni pasado, ni presente, ni futuro; solo ahora. Una gran parte del enraizamiento es estar en el ahora.

Utiliza con frecuencia el siguiente proceso de meditación para ponerte en contacto con las raíces que te unen al planeta, te nutren y te sostienen. Siéntate o túmbate para realizar este ejercicio. Puedes hacerlo en el interior o al aire libre, en un espacio seguro y tranquilo.

Dirige tu atención en las plantas de los pies.

Visualiza raíces saliendo de cada pie y de tu coxis; visualiza que las envías a la Tierra. Pueden combinarse en una gran raíz o permanecer como tres raíces separadas. Siente cómo estas raíces crecen más y más profundamente, a través del suelo y la tierra, a través de la matriz de roca y piedra, a través de acuíferos llenos de agua.

Continúa haciendo crecer tu(s) raíz(es) a través del magma, hasta el manto del planeta.

Por último, haz crecer tu(s) raíz(es) hasta el núcleo de la Tierra. Siente cómo son absorbidas por el núcleo interno del planeta. Allí se mantienen. Estables. Fuertes. Enraizadas.

Siente la energía y la vibración de la Tierra fluyendo hacia arriba a través de tu(s) raíz(es) y hacia tus pies y coxis. Siente cómo late en tu interior. Escucha el latido interno del planeta. Escúchalo latir como un tambor suave. Fúndete con este sonido interdimensional. Experimenta una profunda comunión con la Tierra. Siente cómo su amor por ti se expande en cada célula de tu cuerpo. Todo está bien entre tú y tu madre, la Tierra. Ella tiene una fuerza infinita y comparte este manantial de estabilidad y fortaleza contigo, su hijo.

Agradece a la Tierra este enorme regalo.

Permite que su conciencia vuelva poco a poco a la habitación o zona en la que estás sentado o tumbado. Siente lo que toca tu cuerpo: la silla, la cama, el suelo. Mueve los dedos de los pies y de las manos.

Con la conciencia plenamente presente y los ojos abiertos, siente cómo tu(s) raíz(es) palpita(n) debajo de ti. Mantén esta conciencia todo el tiempo que puedas. Camina sin dejar de sentir tus raíces. Pon tu atención en las plantas de los pies. Experimenta lo que se siente al estar plenamente presente y enraizado en el momento, en el ahora.

CONCLUSIÓN

Espero que hayas disfrutado de este viaje a través del arte y la ciencia de la meditación. Recuerda que hay un testigo tranquilo y gentil dentro de ti que observa amorosamente todo lo que haces y que, sencillamente, está presente en tu magnificencia. Eres un alma y un espíritu encarnado en una forma física, y existe una miríada de herramientas a tu disposición para facilitar el viaje y hacer que merezca la pena. La meditación es una de esas grandes herramientas. Utilízala.

AGRADECIMIENTOS

Gracias a Lisa Hagan por creer en mi mensaje y en mi trabajo, y por ser un apoyo y una bendición tan increíbles en mi vida. Gracias a Kate Zimmermann por ser el impulso para traer este libro al mundo y por darle la forma que tiene hoy. Gracias a Stephanie Rutt por compartir conmigo la experiencia de la respiración abdominal, en una clase de yoga, a finales de los noventa. Es obvio, se me quedó grabada.

Gracias a todos los espíritus y seres útiles, físicos y no físicos, que han hecho posible este libro y me han permitido hacer el trabajo que amo. Gracias a mi familia y amigos, que siempre me han querido y son maravillosos.

SOBRE LA AUTORA

El lema de Amy Leigh Mercree es «Vive la alegría. Sé amable. Ama incondicionalmente». Asesora a mujeres y hombres en el subestimado arte del amor propio para crear vidas más felices. Mercree es autora de *bestsellers*, personalidad mediática y médica intuitiva. Da conferencias internacionales sobre la bondad, la alegría y el bienestar.

Mercree es la autora del *bestseller The Spiritual Girl's Guide to Dating: Your Enlightened Path to Love, Sex, and Soul Mates; A Little Bit of Chakras; The Chakras and Crystals Cookbook: Juices, Sorbets, Smoothies, Salads and Crystal Infusion to Empower Your Energy Centers; y The Compassión Revolution: 30 Days of Living form the Heart.*

Mercree ha aparecido *en Glamour, Huffington Post, Aspire, YourTango, Spirituality & Health, LA Yoga, Latina, Soul & Spirit, Women's Health e Inc.*

Visita *AmyLeighMercree.com* para ver artículos y concursos. Mercree se está convirtiendo con rapidez en una de las mujeres más citadas en Internet. Descubre más acerca de todo esto en @AmyLeighMercree en Twitter, Snapchat e Instagram.

Para descargar tu kit de herramientas de meditación GRATUITO y practicar Zen ahora mismo, ve awww.amyleighmercree.com/meditationtoolkit con la contraseña que te indica.

BIBLIOGRAFÍA

"A Beginner's Guide To Chakra Meditation". *Mindvalley Academy Blog*. Consultado el 8 de Diciembre de 2016. http://bit.ly/2opFs41.

"All-Embracing Compassion-The Heart-Practice of Tonglen". *Metta Refuge*. Consultado el 8 de Diciembre de 2016. http://bit.ly/2opEg0w.

Alpert, Yelena Moroz. "13 Major Yoga Mantras to Memorize". *Yoga Journal*. 25 de Febrero de 2016. http://bit.ly/1VNuCQJ.

Ancient Yoga. "The Mudra of Life. Strengthen Immunity with the Prana Mudra". Video de YouTube. 6:39. 13 de Septiembre d 2016. http://bit.ly/2pORwgr.

"An Interview with Llewellyn Vaughan-Leefrom the Sounds True Catalogue—Summer 1998". *The Golden Sufi Center*. Consultado el 7 de Diciembre de 2016. http://bit.ly/2pOVQMR.

Aron, Elaine N. *The Highly Sensitive Person: How to Thrive When the World Overwhelms You*. Nueva York, NY: First Broadway Books, 1998.

Atkins, Shira. "A Beginner's Guide to Essential Sanskrit Mantras". *Sonima*. 21 de Agosto de 2015. http://bit.ly/1MX8WiU.

"AUM Chanting for the Thirsty". *Isha*. 3 de Octubre de 2012. http://bit.ly/2p1Gm8d.

"Awakened Heart Project for Jewish Meditation and Contemplative Judaism". *Awakened Heart Project for Contemplative Judaism*. Consultado el 7 de Diciembre de 2016. http://bit.ly/2pe34xu.

Axel, Gabriel. "Your Brain on Om: The Science of Mantra". *U.S. News*. 2 de Octubre de 2013. http://bit.ly/1ox0B9A.

Barenblat, Rachel. "A short history of Jewish meditation". *Velveteen Rabbi*. 10 de Febrero de 2014.
http://bit.ly/2peaJfc.

Barnes, Vernon A., et al. "Impact of Transcendental Meditation on Psychotropic Medication Use Among Active Duty Military Service Members With Anxiety and PTSD". *Military Medicine* 181, vol. 1 (2016): 56–63. doi: 10.7205/MILMED-D-14-00333.

Berkers, Ewald. "Opening the Chakras". *Eclectic Energies*. Consultado el 8 de Diciembre de 2016.
http://bit.ly/29S8l69.

Black, David S. y George M. Slavich. "Mindfulness Meditation and the Immune System: A Systematic Review of Randomized Controlled Trials". *Annals of the New York Academy of Sciences* 1373, no. 1 (2016): 13–24. doi: 10.1111/nyas.12998.

Bogdani, Pravit. *Chakra Meditation: A User-Friendly Guide to Opening, Balancing, and Cleansing through Chakra Meditation Techniques*. Amazon CreateSpace, 2015.

"Brief History of Qigong". *Institute of Qigong & Integrative Medicine*. Consultado el 8 de Diciembre de 2016.
http://bit.ly/2pORxBc.

Bullitt, John. "What is Theraveda Buddhism?". *Buddhist Studies: Buddha Dharma Association & BuddhaNet*. Consultado el 21 de Febrero de 2017.
http://bit.ly/2oRZlVt.

Burstein, Mandy. "5 Ancient Mantras That Will Transform Your Life". *Mindybodygreen*. 22 de Marzo de 2013.
http://bit.ly/1bhTMF9.

Carter, Christine. "Greater Happiness in 5 Minutes a Day". *Greater Good Science Center*. 10 de Septiembre de 2012.
http://bit.ly/1wT50KC.

Carver, Leo. "10 Powerful Mudras and How to Use Them". *The Chopra Center*. Consultado el 18 de Abril de 2017.
http://bit.ly/2nb5Nmz.

Catlett, Matthew. "21 Mantras for Meditation". *Programming Life*. 21 de Diciembre de 2015.
http://bit.ly/2oJxchi.

Cianciosi, John. "Use Mindful Nature Walks To Deepen Your Meditation Practice". *Yoga Journal*. 28 de Agosto de 2007.
http://bit.ly/2oQEQK7.

Clarke, Tainya C., et al. "Trends in the Use of Complementary Health Approaches Among Adults: United States, 2002–2012". *National Health Statistics Reports* 79 (2015).
http://bit.ly/1DCXGD8.

Contemplative Literature: A Comparative Sourcebook on Meditation and Contemplative Prayer. Edited by Komjathy. Albany, NY: State University of New York Press, 2015.

Cooper, David A. *The Handbook of Jewish Meditation Practices: A Guide for Enriching the Sabbath and Other Days of Your Life*. Woodstock, VT: Jewish Lights Publishing, 2000.

"Current World Population". *Worldometers*. Consultado el 18 de Mayo de 2017.
http://bit.ly/Ism9T6.

Desbordes, Gaëlle, et al. "Effects of Mindful-attention and Compassion Meditation Training on Amygdala Response to Emotional Stimuli in an Ordinary, Non-meditative State". *Frontiers in Human Neuroscience* 6, no. 292 (2012). doi: 10.3389/fnhum.2012.00292.

Dianda, Don. "The Opening of the American Psyche: A Brief History of Zen in the West". *Elephant Journal*. Nov. 6, 2012.
http://bit.ly/2nWka2O.

Dubov, Nissan Dovid. "Jewish Meditation". *Chabad.org*. Consultado el 18 de Abril de 2017.
http://bit.ly/2pwgp42.

Editors of Encyclopædia Britannica. "Om: Indian Religion." *Encyclopædia Britannica*. Actualizado el 1 de Mayo de 2015.
http://bit.ly/2nZVvKC.

Fondin, Michelle. "What Is A Chakra?" *The Chopra Center*. Consultado el 8 de Diciembre de 2016.
http://bit.ly/2pPfkka.

Fox, K. C., et al. "Is Meditation Associated with Altered Brain Structure? A Systematic Review and Meta-analysis of Morphometric Neuroimaging in Meditation Practitioners". *Neuroscience & Biobehavioral Reviews* 43 (2014): 48-73. doi: 10.1016/j.neubiorev.2014.03.016.

Frawley, David. "Vedantic Meditation". *SwamiJ*. Consultado el 6 de Diciembre de 2016.
http://bit.ly/2pwa0Wp.

Geethanjali - Yoga. "Yoga Hand Mudras - Top 5 Mudras for Good Health and Weight Loss - Benefits". Youtube video. 8:28. 21 de Julio de 2015.
http://bit.ly/2oRZ9pm.

Goyal, Madhav, et al. "Meditation Programs for Psychological Stress and Well-being". *JAMA Internal Medicine* 174, no. 3 (2014): 357. doi: 10.1001/jamainternmed.2013.13018.

"Guidelines for Walking a Labyrinth". *Sacredwalk*. Consultado el 8 de Diciembre de 2016.
http://bit.ly/2nZEwIh.

Heckert, Lynne. "An Overview of Buddhist Meditation". *Philadelphia Meditation*. Consultado el 6 de Diciembre de 2016. http://bit.ly/2prOBOe.

Heller, Rick. *Secular Meditation: 32 Practices for Cultivating Inner Peace, Compassion, and Joy—A Guide from the Humanist Community at Harvard*. Novato, CA: New World Library, 2015.

Hirschi, Gertrud. *Mudras: Yoga in Your Hands: A Simple Technique to Achieve Lasting Health, Happiness, and Inner Peace*. Newburyport, MA: Red Wheel /Weiser Books, 2000.

Hwang, Yoon-Suk, et al. "Cultivating Mind: Mindfulness Interventions for Children with Autism Spectrum Disorder and Problem Behaviours, and Their Mothers". *Journal of Child and Family Studies* 24, no.10 (2015): 3093–3106. doi: 10.1007/s10826-015-0114-x.

Institute for Jewish Spirituality. Consultado el 7 de Diciembre de 2016. http://www.jewishspirituality.org/.

Inzitari, D., et al. "White Matter Changes: The Clinical Consequences in the Aging Population". *Journal of Neural Transmission* 59 (2000): 1–8. http://bit.ly/2opFLMs.

Jabr, Ferris. "Self-Awareness with a Simple Brain". *Scientific American*. 1 de Noviembre de 2012. http://bit.ly/2nZ5hwE.

Kadden, Bruce, and Barbara Binder Kadden. *Teaching Tefilah: Insights and Activities on Prayer*. Denver, CO: A.R.E. Publications, 2004.

Koike, Marcia Kiyomi, and Roberto Cardoso. "Meditation Can Produce Beneficial Effects to Prevent Cardiovascular Disease". *Hormone Molecular Biology and Clinical Investigation* 18, no. 3 (2014): 137–143. doi: 10.1515/hmbci-2013-0056.

Kumar, Sanjay, et al. "Meditation on *OM*: Relevance from Ancient Texts and Contemporary Science". *International Journal of Yoga* 3, no. 1 (2010): 2–5. doi: 10.4103/0973-6131.66771.

la Cour, Peter, and Marian Petersen. 2015. "Effects of Mindfulness Meditation on Chronic Pain: A Randomized Controlled Trial". *Pain Medicine* 16, no. 4 (2014): 641–652. DOI: 10.1111/pme.12605.

Laneri, Davide, et al. "Effects of Long-Term Mindfulness Meditation on Brain's White Matter Microstructure and Its Aging". *Frontiers in Aging Neuroscience* 7 (2016): 254. doi:10.3389/fnagi.2015.00254.

"Learn Transcendental Meditation". *The Meditation Trust*. Consultado el 8 de Diciembre de 2016. http://bit.ly/2pdVLG6.

Lew, Alan. "Prayer and the Uses of Meditation". *Judaism: A Quarterly Journal of Life and Thought* 49, no. 1 (2000): 93–101. http://bit.ly/2nZHgW7.

Lewis, Mark. "New Age Meditation". *Project-Meditation*. Consultado el 18 de Abril de 2017. http://bit.ly/2oka5Jg.

Malinowski, Peter. "Neural Mechanisms of Attentional Control in Mindfulness Meditation" *Frontiers in Neuroscience* 7, vol. 8 (2013). doi: 10.3389/fnins.2013.00008.

"Manifesting True Success". *Chopra Center Meditation*. Consultado el 18 de Abril de 2017. http://bit.ly/2okiaNP.

Mayo Clinic Staff. "Chronic Stress Puts Your Health at Risk". *Mayo Clinic*. 16 de Abril de 2016. http://mayocl.in/1aOXhUi.

McEwen, Bruce S., and Peter J. Gianaros. "Central Role of the Brain in Stress and Adaptation: Links to Socioeconomic Status, Health, and Disease". *Annals of the New York Academy of Sciences* 1186 (2010): 190–222. doi: 10.1111/j.1749-6632.2009.05331.x.

"Medical Definition of Neuroplasticity". *MedicineNet*. Consultado el 16 de Noviembre de 2016. http://bit.ly/1ZMWaY8.

"Meditation: In Depth". *National Center for Complementary and Integrative Health*. Actualizado en Abril de 2016.
http://bit.ly/1BQ4I9l.

Muse, Azuka. "The Best Mudras and Yoga Asanas for Women's Health". *Parimukti Yoga and Meditation India*. 16 de Diciembre de 2015.
http://bit.ly/2nZVQgo.

Myss, Caroline. "Sufism in the U.S.A". *Caroline Myss*. Consultado el 8 de Diciembre de 2016.
http://bit.ly/2nWnCKE.

Ñānadhammo, Ajahn. "Three Expositions on Walking Meditation" en "Walking Meditation". *The Wheel Publication* 464 (2007): 6–27.
http://bit.ly/2oQFjfm.

"Nationwide survey reveals widespread use of mind and body practices". *National Institutes of Health*. 10 de Febrero de 2015.
http://bit.ly/2oYz4Bi.

"'Om Mani Padme Hum': 'Hail to the Jewel Lotus.'" *Sacred Wind*. Consultado eel 30 de Mayo de 2017.
http://bit.ly/2qxFZ5R.

Ong, Jason C., et al. "A Randomized Controlled Trial of Mindfulness Meditation for Chronic Insomnia". *Sleep* 37, no. 9 (2014): 1553–1563. doi: 10.5665/sleep.4010.

Puff, Robert. "An Overview of Meditation: Its Origins and Traditions." *Psychology Today*. 7 de Julio de 2013.
http://bit.ly/1MoOuY4.

Rees, Brian, et al. "Significant Reductions in Posttraumatic Stress Symptoms in Congolese Refugees Within 10 days of Transcendental Meditation Practice". *Journal of Traumatic Stress* 27, no. 1 (2014): 112–115. doi: 10.1002/jts.21883.

"Religions: Meditation". *BBC*. Actualizado el 24 de Noviembre de 2009.
http://bbc.in/2oniZot.

Singer, Michael A. *The Untethered Soul: The Journey Beyond Yourself.* Oakland, CA: New Harbinger Publications, 2007.

Shyamalila. "Sanskrit Mantras". *EnkiVillage.* Consultado el 18 de Abril de 2017.
http://bit.ly/2opER2g.

Slagter, Heleen A., et al. "Mental Training Affects Distribution of Limited Brain Resources". *PLOS Biology* 5, no. 6 (2007). doi: 10.1371/journal.pbio.0050138.

Smith, Huston, and Philip Novak. *Buddhism: A Concise Introduction.* New York: HarperCollins Publishers, 2003.

Tang, Yi-Yuan, et al. "The Neuroscience of Mindfulness Meditation". *Nature Reviews Neuroscience* 16 (2015): 213–225. doi: 10.1038/nrn3916.

"The Benefits of AUM Chanting" in "Mantras Explained: How a Mantra Can Lead to Transformation". *Isha.* 27 de Enero de 2015.
http://bit.ly/2oRZico.

"The Legend of Quan Yin: Goddess of Mercy". *Holy Mountain Trading Company.* Consultado el 30 de Mayo de 2017.
http://bit.ly/2rRKRGW.

Trungpa, Chögyam. *Training the Mind and Loving-Kindness Meditation.* Boston, MA: Shambhala Publications, 2003.

"Types of Prayer". *Prayer Eleven: School of Christian Prayer.* Consultado el 30 de Mayo de 2017.
http://bit.ly/2rgk7x0.

"Use of Complementary Health Approaches in the U.S." *National Center for Complementary and Integrative Health.* Actualizado el 10 de Agosto de 2016.
http://bit.ly/1CEmvNI.

V, Jayaram. "Dhyana or Meditation in Hindu Tradition." *Hindu Website*. Consultado el 7 de Diciembre de 2016.
http://bit.ly/1dUpgiG.

Vaughan-Lee, Llewellyn. "The Sufi Meditation of the Heart". In *The Experience of Meditation*. Edited by Jonathan Shear. *The Golden Sufi Center*. Consultado el 6 de Diciembre de 2016.
https://goldensufi.org/a_meditation_of_heart.html.

Veylanswami, Satguru Bodhinatha. "YOGA: A Youthful Primer About Hinduism's Eight-Limbed System of Meditation and Spiritual Striving". *Hinduism Today* 32, no. 1 (Enero–Marzo 2010): 37–53.
http://bit.ly/2oPRMyH.

Waters, Lea, et al. "Contemplative Education: A Systematic, Evidence-Based Review of the Effect of Meditation Interventions in Schools". *Educational Psychology Review* 27, no. 1 (2015): 103–134.
doi: 10.1007/s10648-014-9258-2.

"Welcome to ScienceOfMudra.com". *Harisingh*. Consultado el 18 de Abril de 2017.
http://bit.ly/1HvZFg7.

"What Bahá'ís Believe: The Life of the Spirit". *Bahai.org*. Consultado el 1 de Mayo de 2017.
http://bit.ly/2oYunHB.

"What is Meditation". *The World Community for Christian Meditation*. Consultado el 18 de Abril de 2017.
http://bit.ly/1nMd2km.

Wieczner, Jen. "Meditation Has Become A Billion-Dollar Business". *Fortune*. 12 de Marzo de 2016.
http://for.tn/1QVBhVq.

Willoughby, Deborah. "Mantra Meditation in Early Christianity". *Yoga International*. 14 de Mayo de 2013.
http://bit.ly/2nWjnPa.

Wilson, Jeff. *Mindful America: The Mutual Transformation of Buddhist Meditation and American Culture.* New York: Oxford University Press, 2014.

Yoshimura, Mitsunobu, et al. "Disaster Relief for the Japanese Earthquake-Tsunami of 2011: Stress Reduction Through the Transcendental Meditation® Technique." *Psychological Reports* 117, no. 1 (2015): 206–216. doi: 10.2466/02.13.PR0.117c11z6.

ÍNDICE TEMÁTICO